LUCAS SILVEIRA

AMORES IMPOSSÍVEIS
E OUTRAS PERTURBAÇÕES QUÂNTICAS

Porto Alegre · São Paulo
2016

Copyright © 2016 Lucas Silveira

Conselho editorial
Gustavo Faraon, Julia Dantas e Rodrigo Rosp

Capa
Andrey Damo

Ilustrações
Pedro Muniz

Preparação
Julia Dantas

Pesquisa
Kayuane Silveira

Revisão
Fernanda Lisbôa

Dados Internacionais de Catalogação na Publicação (CIP)
―――

S587a   Silveira, Lucas
        Amores impossíveis e outras perturbações quânticas / Lucas Silveira. — Porto Alegre : Dublinense, 2016.
        144 p. ; 21 cm

        ISBN: 978-85-8318-082-1

        1. Literatura Brasileira. 2. Crônicas Brasileiras. I. Título.

        CDD 869.987
―――
Catalogação na fonte: Ginamara de Oliveira Lima (CRB 10/1204)

Todos os direitos desta edição
reservados à Editora Dublinense Ltda.

Editorial
Av. Augusto Meyer, 163 sala 605
Auxiliadora — Porto Alegre — RS
contato@dublinense.com.br

Comercial
(11) 4329-2676
(51) 3024-0787
comercial@dublinense.com.br

Para Sky Jonz Silveira

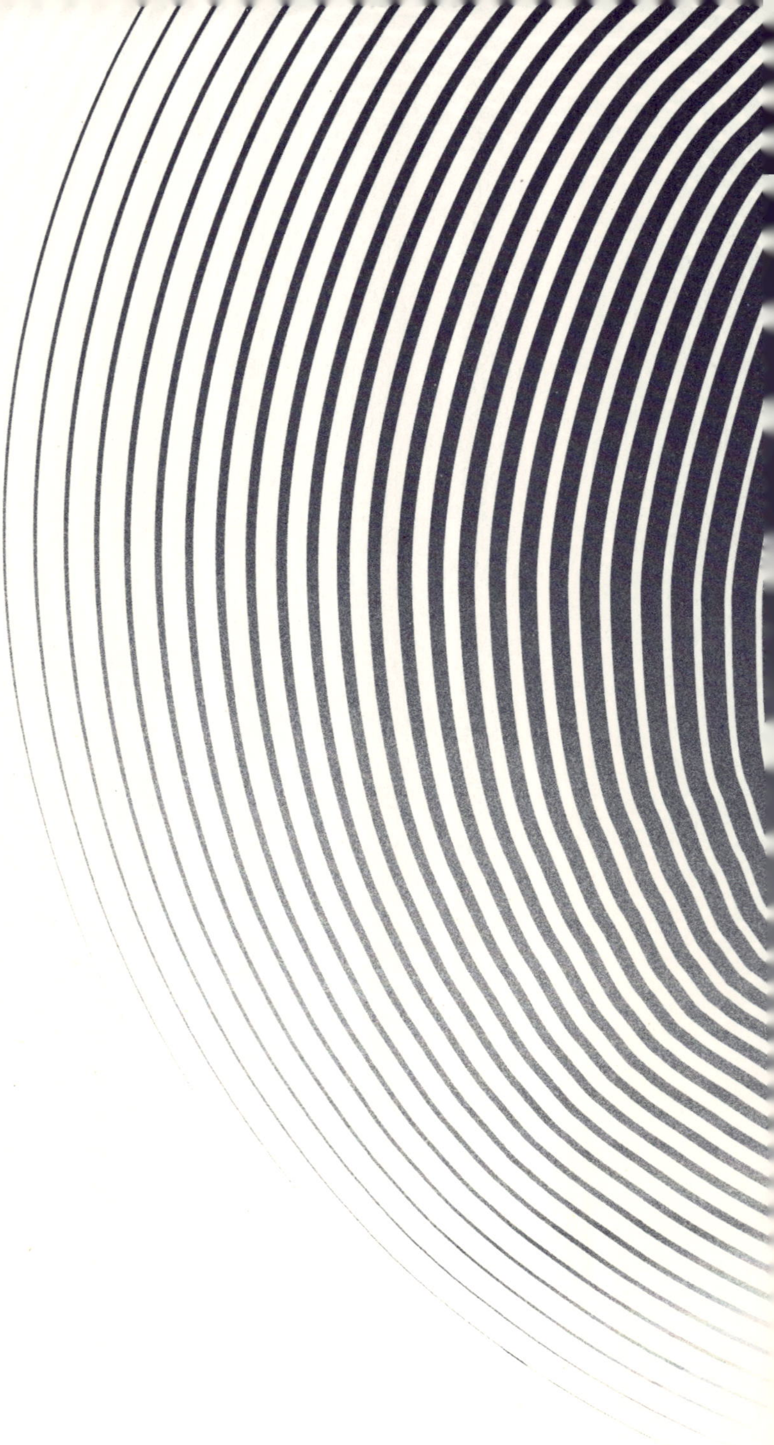

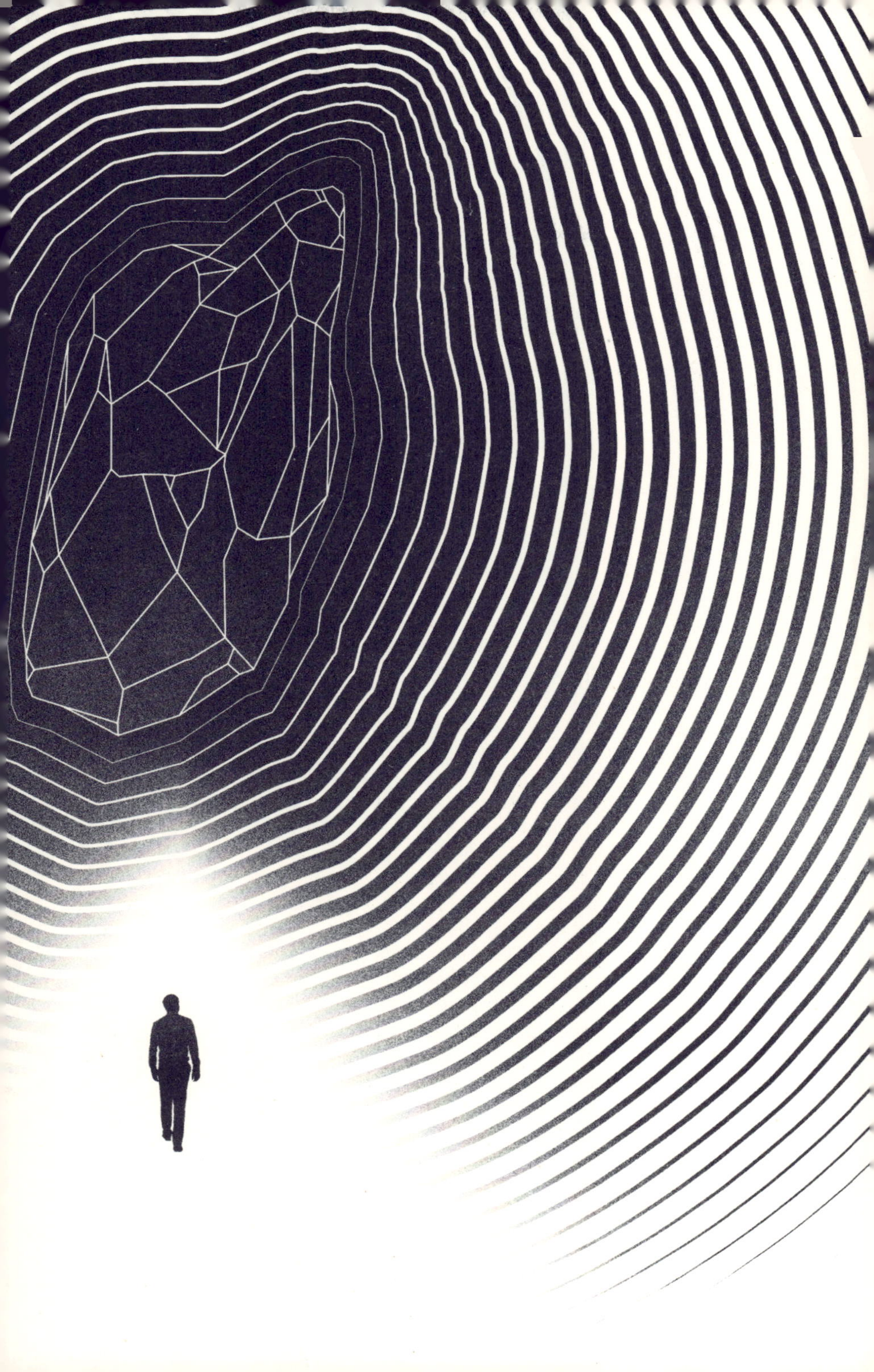

AMORES e outras perturbações quânticas

_A maneira mais simples de se existir é estando morto.

Somente nesse estado de inércia é que poderemos finalmente nos doar aos caprichos do mundo que nos cerca. E o mundo não parece bem-intencionado. Todos sabemos o que ele faz com quem deixou de respirar. Em uma questão de dias, cada centímetro da sua pele, cada músculo, cada gota de sangue, tudo que fomos e levamos conosco durante toda a nossa vida, será comida para os vermes necrófagos que já se encontram dentro de nós.

Portanto, o que fazemos diariamente em nossas vidas consiste em afugentar os vermes, adiando o dia de seu banquete cabal. Por isso acordamos, comemos, fazemos as coisas que julgamos necessárias, tudo isso por inúmeras razões que não a mais sincera de todas elas: não queremos que seres microscópicos deem cabo de tudo que somos. A fim de evitar o inevitável, a gente se empresta um pouco para aqueles que escolhemos amar, de forma que estes pedaços da nossa alma etérea escapem da foice da Dona Morte. O legado imaterial sobrevive ao fim, seja em forma de arte, histórias, laços ou ideias. O nosso único patrimônio que é potencialmente eterno é feito de nada.

Mas não seria esse nada, de fato, alguma coisa? Uma vez sabendo que somos feitos de grânulos de poeira cozida no interior de uma estrela, poeira essa que, após milhões de transformações, calhou de fazer parte do nosso corpo, será que podemos traçar uma linha do tempo que nos ligue à nossa real origem? Seria a matéria capaz de carregar consigo as informações a respeito de todas as formas em que ela já se configurou? Teriam as coisas algo parecido a uma memória?

Munido há alguns anos dessas e de mais um punhado de questões, percebi que o imaterial age sobre a matéria de maneiras que jamais acreditaríamos se não fosse tudo verdade. O amor fica nada atraente se descrito como "uma reação química que faz liberar no nosso cérebro algumas secreções que surtem em nossos corpos uma variada gama de efeitos", mas essa reação em cadeia é iniciada pelo imaterial: palavras, sentimentos, impressões. Tudo tão intangível, tão abstrato… mas capaz de provocar perturbações quânticas que ficam gravadas na memória das coisas. Perturbações quânticas que resistirão à fome dos vermes.

Aqui neste livro, me encontro fugindo dos vermes: o que você lê sou eu, plantando o imaterial, emprestando pedaços de mim ao mundo, em pequenos barquinhos rumo à eternidade, enquanto minha nau segue em rota de colisão com o inevitável. Essas palavras que se seguem são fruto da minha matéria perturbada, flutuações dos meus humores (e amores) que não couberam em meu organismo e precisaram ser extirpados, para que eu pudesse continuar vivendo.

ESTÁ DENTRO DE TODOS NÓS O QUE NOS FARÁ VIVER PARA SEMPRE.

Está dentro de nós o que vai nos consumir por completo até que deixemos de existir. Não existe uma maneira fácil de tornar-se eterno. Cada vez que nos apegamos ao que se pode ver e tocar, adicionamos algumas cadeiras ao banquete cabal dos vermes, mas, se dependesse apenas de mim, eles morreriam de fome.

A vida tem fim, simples assim. Mas até que esse dia chegue, no que você pretende se transformar?

A VIDA E O PAPEL

_É. Tem sido surreal, às vezes angustiante e, ao mesmo tempo, magnífico, viver os meus dias. Só me assusta o fato de que um dia minhas sinapses ficarão lentas demais e eu vou começar a perder essas memórias. Não posso me esquecer de tudo isso.

Vida, esse é o Papel. Papel, essa é a Vida.

Eles não dizem "prazer em conhecê-lo", pois sabem que não é um prazer, e sim uma obrigação, uma condição de sobrevivência. Minha vida é somente uma etérea sucessão de histórias desconectadas, até que se deita sobre o papel. Cada palavra, frase ou página é uma escolha de como eu vou querer me lembrar de tudo que hoje acontece e que me falta tempo para processar. Dito isso, meus caminhos muitas vezes me levarão para longe da verossimilhança, mas isso vai progressivamente deixar de importar quando essas páginas forem, aos poucos, transformando-se nas únicas representantes dos meus dias nesse plano físico.

Vida: seja real, seja surreal, mas saia de mim e ganhe os olhos do mundo.

A TEVÊ LIGADA
imprimindo sonhos
na mente desavisada

_Eu deveria ter uns nove anos. Tinha acabado de ver algum filme daqueles que se proliferavam como uma praga nos anos 80 e 90. Luta, pancadaria, uma donzela a ser salva das mãos de um vilão infinitamente mau, algum astro europeu do naipe de Jean-Claude Van Damme. Uma vez rolados os créditos, tudo que me lembro é de ter colocado um calção preto e saído chutando toda sorte de algozes imaginários. Eu, o guerreiro incansável, daria tudo para ser "o cara do filme". Queria ter um romance com uma bela coreana e me envolver em um triângulo amoroso distópico, que me colocaria numa sinuca de bico da qual a única saída diplomática era a farta e plena distribuição de golpes de muay thai.

Tem sido assim, e cada vez com mais frequência. Os filmes, sempre eles, servindo de falsa--matriz para os meus dias reais.

O meu maior problema é que eu quero sempre transformar acontecimentos convencionais em eventos cinematográficos, numa busca incessante por "coisas pra contar".

Mas isso cansa.

Não apenas cansa, como me deixa desapontado com minha incapacidade de transfigurar essas cenas em realidade vivida. Hoje em dia me pego gostando cada vez menos dos documentários e, progressivamente, sigo pulando de cabeça num mundo de ficções, aventuras, perigos e incertezas. Os coadjuvantes vêm e vão, e eu gosto muito de contracenar. Uns vêm e nunca se vão. Ficam por aí, até que surja uma nova cena para estrelarem. Passei a encarar os dias como se fossem cenas, as horas como se fossem *takes*, os momentos como se fossem quadros. No entanto, isso não é tão legal quanto parece ao primeiro vislumbre.

Nem tudo nessa vida se desenrola do jeito que foi concebido em roteiro. E assim eu acabo deixando passar despercebidos momentos que são não cinematográficos, mas que nem por isso deixam de ser bonitos. Um simples beijo é substituído por um amasso na mais torrencial das chuvas, numa parada de ônibus aleatória na Av. Paulista. Um pedido de desculpas vira um álbum conceitual duplo recheado de indiretas. Enfim, é uma pressão infinita, pra extrair de todo e qualquer momento o mais intenso dos sentimentos. Cansativo.

O SUPER-REALISMO PRECISA SAIR DE MODA.

No entanto, eu continuo, mesmo sabendo estar errado. Diretor, produtor executivo e roteirista do filme da minha própria vida. Nada mais justo do que dar a ele um andamento coeso e cativante, para jamais cansar a plateia.

Aqui me encontro reclamando dessa condição autoimposta, mas não tenho feito nada para mudá-la. Prefiro distribuir chutes e pontapés por aí, trajando nada mais que um calção negro do que ser coadjuvante de uma história que está totalmente fora do meu controle, um mero espectador, ausente, impotente, impaciente. Posso não controlar, mas quero protagonizar isso tudo, da introdução aos créditos finais. Ninguém me tira esse papel.

Me encontro em um momento de eterno recomeço. Meu filme foi documentário por tempo demais.

Hoje eu sou ficção.

CANETA

_Desde a primeira série, ele só escrevia de caneta, embora isso não fosse permitido. "Só depois da quinta série", diziam os professores.

Seus livros eram tomados por rabiscos que cobriam todo e qualquer espaço em branco.

Mal completava-se um mês de aula, e a professora enviava, por meio dele, um bilhete para sua mãe:

"O menino precisa de novos materiais escolares". Ele sempre perdia tudo, mas não exatamente.

As canetas viravam desenhos, e os lápis coloridos, seu preenchimento. O suporte: escrivaninhas, livros meus e de seus colegas. Ele não sabia para que serviam as coisas, mas muito bem entendia o significado das ações.

Desenhou um anjo no céu para a professora de ciências, recém-acometida pela tristeza da perda de um filho. Dias depois, a caneta que fez o desenho sumira, ou esgotara sua carga.

O desenho estampava a parede da sala de estar da professora.

O PASSADO: essa disfuncional fábrica de presentes

_De algumas coisas eu tenho medo.

São coisas que eu não temia em outro tempo, mas das quais hoje fujo. Algumas coisas para mim faziam todo o sentido do mundo, mas hoje não passam de borrões de tinta em um papel-toalha de alta absorção. Suas linhas foram pretendidas, mas não mais se encontram representadas. São desenhos abstratos, distorcidos e sem significado algum.

O nome disso é passado. São as memórias, as crises e todos esses processos que para nada mais servem, a não ser para catalisarem, acelerarem nossa constante evolução.

Osho muito sabiamente dizia que um rio treme antes de desaguar no mar, mas, ao olhar para trás, depara-se com tudo pelo que passou: montanhas, acidentes geográficos, cidades cuja sede saciou em troca do lixo das fábricas mal-agradecidas. No entanto, jamais houve motivo para que sentisse medo: uma vez desaguado em sua foz, deixaria de ser rio para finalmente tornar-se oceano.

Tal confronto amedrontado com a estrada que agora se encontra atrás de mim transformou-me numa caricatura daquilo que eu sonhava ser. Uma segunda linha, mais comum, de um amontoado de sonhos sem garantia nenhuma de realização. Mas é o meu único eu disponível, com o qual estou fadado a conviver pelo resto dos meus dias.

Mas eu jamais quis secar. Muito pelo contrário: deixo-me transbordar de toda forma que estiver ao meu alcance. Quando for oceano, não volto para contar como foi.

SÓ SE VIVE NUMA DIREÇÃO, E ELA NÃO É PARA TRÁS.

Se eu sair do teu lado e caminhar para um canto de onde eu possa observar tudo, não te preocupa. Não aconteceu nada. Não comigo. Aconteceu com tudo ao meu redor.

Desse canto escuro, te observo, estudando a língua dos olhos.

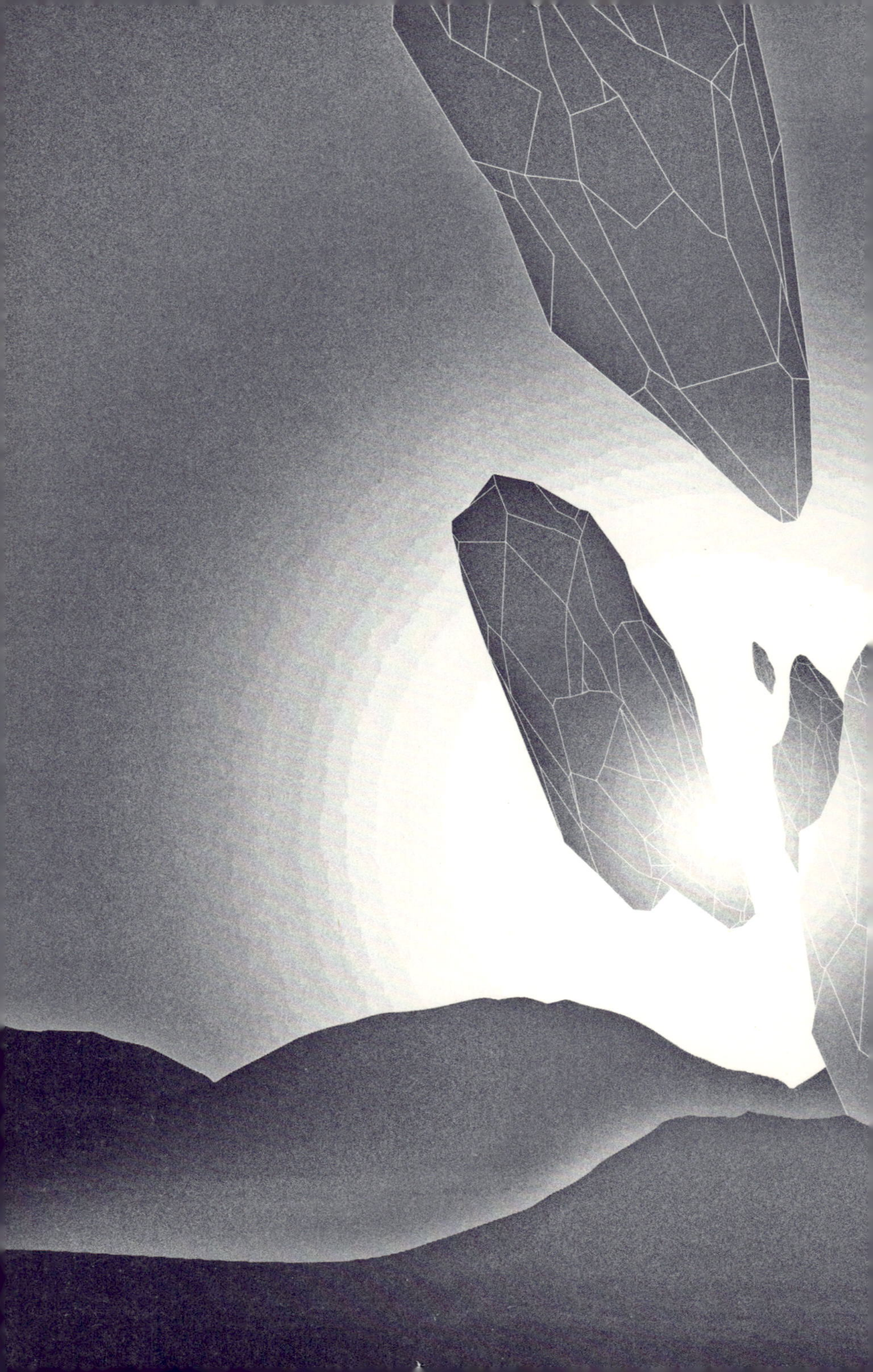

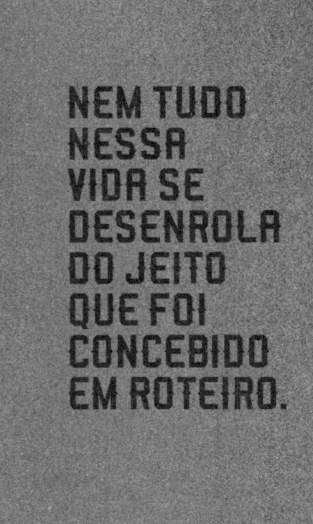

NEM TUDO
NESSA
VIDA SE
DESENROLA
DO JEITO
QUE FOI
CONCEBIDO
EM ROTEIRO.

ROMANCE-FANTASMA

_Eram dois olhos semicerrados. Eram muitas imagens. Centenas, milhares, por detrás daqueles olhos, num mosaico do qual eu estava próximo demais para compreender. E, através da minúscula fresta que havia entre suas pálpebras, pude ver uma torrente de dúvidas. Pude ver sonhos acumulados, horários a cumprir, problemas a resolver. Mas eu só procurava felicidade naqueles olhos, e me esforçava para proporcionar isso, e rápido, pois me parecia urgente. Queria ser inesquecível. Foi aí que envolvi meus braços em volta de sua cintura e, aspirando pelo nariz e boca um suspiro trêmulo, apertei-a como o ar, até que meus cotovelos tocassem minhas costelas.

Abracei o ar. Cochichei para o nada. Dormi com o vazio.

Foi quando olhei para o espelho, que cobria uma parede de gesso, frágil como isopor. Seu reflexo revelava um jovem adulto sendo abraçado por uma moça igualzinha a você. Atrás das pequenas frestas de meus olhos semicerrados, vi sonhos, muitas dúvidas e problemas também. Mas, em meus dentes à mostra e numa boca que se estendia pelas bochechas, posso jurar que vi teu nome escrito.

DAS COISAS que realmente possuem valor

_Quando a gente não tem uma pequena almofada vermelha de veludo pra nela acomodar aquele brinquedinho tão brilhante que a gente esconde de quase todo mundo por ser precioso demais, a gente acaba colocando ele em qualquer lugar. Quando nos percebemos desprovidos de uma superfície macia e de um cofre de duas toneladas, cheio de segredos, a gente acaba com ele na mão, dentro de um surrado saco plástico. O tempo passa, e a gente já não mais tem a devida disposição de ficar segurando aquele brinquedinho na mão, e acabamos lentamente esquecendo as suas formas, sua magia incrustrada nos detalhes, de tanto tempo que ficamos sem contemplar sua beleza. O presente transforma-se num fardo, e seu significado dilui-se no rio do tempo, tornando-o pueril, supérfluo.

Quando nos desapegamos do brinquedinho, começamos a abandoná-lo pelo chão. Qualquer lugar, qualquer canto serve. Por vezes, até o perdemos por uns dias, e parecemos não muito preocupados com seu paradeiro. Encontramos o pacote em um dia aleatório, meio sem querer, no meio da gaveta de roupas. Noutro dia, ele some de novo, e se inicia uma longa sucessão de perde-encontra que culmina com o momento em que o brinquedinho já não mais passa de uma memória, uma fagulha perdida de nostálgicos dias, pertencente a um passado distante.

Mas vai chegar o dia em que alguém nos baterá à porta. E não será qualquer alguém. Vai ser "O" alguém, e nada nesse mundo nos faria acreditar que existiria alguém assim, tão... tão... precioso. Com a chegada desse alguém, tudo se torna tão especial, fica tão cheio de significados que a gente se entusiasma, e fala coisas do tipo "Eu te daria o mundo agora". Mas a gente sabe que o mundo não basta. Queremos presentear aquele alguém com o "melhor de nós", aquilo que em nossos espíritos existe de mais valioso, mais inesquecível, brilhante, raro… algo bem parecido com aquele brinquedinho que por tanto tempo carregávamos nas mãos e cuja serventia já não mais enxergávamos, cegos pelas tempestades de areia da nossa estrada.

Tateamos os bolsos. Dentro deles, moedas, palhetas, notas fiscais, preservativos e cartões de visita. Nenhum brinquedinho. Nenhum presente.

Aquele alguém nos dá as costas, resoluto na sua certeza de que nosso brinquedinho já se encontra em mãos alheias.

CONVENHAMOS, NINGUÉM QUER SER A SEGUNDA OPÇÃO DE NINGUÉM.

E não adianta procurar em outros lugares também. Esse é o tipo de coisa que, quando a gente encontra, a gente não devolve. Não tem dono, não tem nada escrito. Faz parte do mundo etéreo, é um elemental que simboliza uma importância perene num mundo de distrações. A cada par de olhos ele se revela de maneira única, que vai de acordo com o melhor que há em cada um de nós.

Uma vez assumindo sua eterna forma de saudade, a gente esquece tudo que o brinquedinho representava, e passa a presentear os nossos "alguéns" com meros itens desse mundo, jamais suficientes, jamais tão brilhantes quanto.

CINEMA DA ALMA

_Costumo encarar algum ponto fixo em meio ao nada e, com minha imaginação, virar os olhos para dentro da minha cabeça. E o que eu vejo não é escuro, como se poderia pensar. A visão que se mostra aos meus olhos se parece em muitos aspectos com um reflexo de tudo que se encontra do lado de fora. Mas não é igual.

Tem gente na minha vida que, do lado de fora, pode parecer insignificante, mas que, em meus cadernos secretos, quando meus olhos dão meia-volta para o interior, têm proporções colossais, moram em inalcançáveis escarpas, e dificilmente consigo entender o que elas dizem, mesmo quando minha cabeça balança repetidamente para cima e para baixo e minha boca sussurra um sim rouco.

Uma vez de volta ao mundo externo, colocar meus olhos novamente em suas órbitas usuais se revela um processo dolorido. Não é um movimento natural do meu organismo. Requer força, e é o tipo de coisa pra se fazer quase nunca. Mas eu desobedeço, o faço toda hora, em qualquer lugar. Dou passos para trás em busca da parede mais próxima e, quando minhas escápulas tocam a parede fria, eu reclino minha cabeça para trás, até bater no cimento. Fecho os olhos, e eles novamente giram cento e oitenta graus sobre seu próprio eixo. Abro-os novamente, e o transe se reinicia: vejo apenas o reflexo da minha vivência, uma percepção de mundo inteiramente minha. Vejo como ficou marcado o teu rosto. Dou play na gravação que câmeras de vigilância fizeram daquela primeira vez que te vi. Ouço a música que tocava ao fundo, testemunho um trecho da nossa primeira conversa e me lembro de todos os risos.

Olhando pra dentro, perco interesse no que há do outro lado da porta, e tropeço em tudo que me é colocado na frente.

AS DISTRAÇÕES SE TORNAM OBSTÁCULOS.

É por isso que muitas vezes eu caio e me machuco. Meu caminhar é um vagar perdido no interior de uma caixa redonda cheia de espelhos.

Meu caminhar é um convite para uma vida fadada a navegar em memórias e em pensamentos, todos esses com inúmeras interpretações e caminhos possíveis, a serem seguidos ou não. Dou meus passos por aí, organizando ideias, hierarquizando sonhos, refletindo, concluindo, voltando atrás. Engulo minha vida em comprimidos que fazem dela uma passagem menos dramática. Separo todas essas histórias para depois juntar tudo entre minhas mãos e jogar pra cima, como se estivesse sorteando envelopes em uma promoção televisionada.

Não vejo teu rosto, nem tua maquiagem, nem teus cílios enormes. Você acha que fico me perdendo em detalhes. Mas olho pra dentro de mim. E é daqui que tenho a melhor visão do teu semblante.

INTRODUÇÃO À SEMIÓTICA
para cegos apaixonados

_O bicho-homem cria suas palavras conforme a necessidade de nomear as coisas que o cercam.

Uma canoa, para quem vive na cidade, é uma canoa. Índios da tribo dos ianomâmis têm doze palavras diferentes para nomear doze tipos diferentes de canoa.

Ao som de violões imaginários chutando meus tímpanos enquanto fecho os olhos com força redobrada para tentar dormir, penso nesse tipo de coisa. Tateio com os olhos a penumbra, e vultos de móveis me guiam até a iluminada tela do meu computador. Comportamento-padrão do insone-de--cidade-grande.

Nós, urbanoides, linguisticamente perdidos, passamos o tempo todo classificando coisas, inventando neologismos e preenchendo vazios com significados também inventados. No entanto, o amor é só amor. É de se pensar... se uma canoa pode ter doze acepções diferentes, doze significados e doze motivos para que se crie uma nova denominação, por que é que a gente chama amor de uma coisa só?

Canoas são artefatos de madeira curvada ou escavada que as pessoas usam para se locomover em superfícies aquáticas. Posto isso, pergunto: alguém aí se arrisca a explicar para mim o que é o amor?

Se a gente não consegue nem definir satisfatoriamente o amor, é porque trata-se de um assunto complicado demais para que tenhamos a fantasia de discorrer acertadamente sobre. No entanto, eu já senti diversos tipos de amor e não sei o que escrever quando quero falar de sentimentos tão diferentes como pedra, papel e tesoura, mas que a gente insiste em chamar da mesma coisa. Aquele sentimento que dura quinze minutos, ou duas semanas, ou uma vida inteira, tudo resumido às mesmas e irrisórias quatro letras.

Talvez os índios também tenham doze palavras que remetam a doze tipos diferentes de amor. Não seria a única área em que eles são infinitamente mais evoluídos que nós. Talvez eu tenha que escrever um dicionário pessoal e nomear todos os sentimentos que ainda não foram oficialmente nomeados. Apenas eu entenderei o que essas palavras querem dizer, mas isso me bastará.

No entanto, se algum dia eu falar coisas aparentemente sem sentido, finja entender e sorria.

É DE AMOR QUE EU ESTOU FALANDO.

SINESTESIA LISÉRGICA

_Eu corria por entre dedos e desviava de cabelos. Outras mãos surgiam, e de golpes duríssimos eu fugia, com rápidos movimentos que nem mesmo eu acreditava. Tudo era escuro, e flashes multicoloridos cortavam como facas as minhas córneas. Luzes estroboscópicas. Era difícil demais. Muita coisa ao mesmo tempo. Muito barulho. Muitas roupas, dobras, piercings e colares. Um terreno propositalmente acidentado e perigoso. A escalada era difícil, e costelas eram, para mim, escorregadios degraus que mais se comportavam como armadilhas lá colocadas por um ardiloso algoz meu. E foi aí que, descansando por entre mechas negras, surpreendi-me ao ver que estava próximo do meu objetivo. Agarrei-me em uma delas, como criança que brinca em corda de sisal e, apoiando todo o peso do meu corpo em um minúsculo brinco de ouro branco, suguei todo o ar que havia em minha volta para, a plenos pulmões, dizer:

Não. Espera. Eu preciso crescer e ter meus olhos na altura dos teus para dizer tudo que quero e me fazer ser ouvido. Enquanto mera miniatura de tudo que eu quero ser, nada posso fazer além de deslizar por lindas planícies de lisa pele.

Não havia mais luzes. Nem barulho, nem outras pessoas, outras mãos. Apenas eu, minha cama e uma minipessoa caminhando por meus cotovelos.

ASSOMBRAÇÃO NOTURNA

_Eu vim de longe, e cheguei de viagem com uma vontade imensa de te atormentar. De subir a ladeira correndo na contramão dos carros, pelo meio da rua, driblando obstáculos, ignorando portas, maçanetas e cercas, enfim, todas essas coisas que são inexistentes nos nossos sonhos. Como em um passe de mágica, quero adentrar o ambiente de chão macio e brilhante no qual uma linda mulher dorme a dois metros do chão, sobre lençóis, papéis, um computador ligado e um punhado de sonhos. Distraída, confusa e irresponsável. Cochicharia para ela uma dezena de músicas, aquelas que ela mais gosta, de tão perto que ainda seria possível sentir o calor dos meus pulmões que respirariam rápido àquela hora, tamanho o perigo da minha aventura.

Acabou de amanhecer, e nada ali dentro pareceria colaborar para que o sol depositasse seus tons de amarelo sobre aquelas brancas paredes. E tudo ali naquele quarto estaria tão certo, tão harmonioso, tão bonito que o sol iria se dar ao luxo de atrasar um pouco e, mesmo quando ele finalmente emitisse suas mornas rajadas de luz sobre ela, àquelas delicadas persianas eu delegaria o trabalho de transformar a manhã numa mais-ou-menos-noite, em tons de luz e sombra, completamente listrada.

Ela iria pensar que fora apenas um sonho. Eu não.

JOVEM ADULTO PRECIPITADO

_Sempre tive sonhos que se repetem.

Muitos desses sonhos envolvem nuvens: pessoas usando nuvens como se fossem meio de transporte. Esse tipo de sonho sempre me faz acordar com ganas de pisar na primeira nuvem que aparecer na minha frente.

Mas elas nunca aparecem. E, quando aparecem, estão lá no alto, te fazendo chover sobre meus ombros.

E eu jamais tive um guarda-chuva.

Deixo os pingos percorrerem seu caminho aleatório pela minha pele ou serem absorvidos por fibras, tecidos e cabelos. Mas, na verdade, tudo que eu queria era, pelo menos por um dia, que uma nuvem descesse lá de cima para me oferecer uma carona, sair para passear sem rumo, levando-me para onde bem entendesse e, quando cansada do fardo, do alto me jogasse, para me fazer chover em ti.

Como eterno adolescente que sou, nada mais apropriado que me precipitar.

BIG BANG DE BOLSO

_De repente, minha alma fez-se em mil pedaços. Era uma nuvem de densidade quase infinita e de partículas tão pequenas que pareciam desprovidas de significado.

Com o passar do tempo, no entanto, às vezes encontrava em meus bolsos pequenos pedaços de tecido, de tons acinzentados. Esses pedaços da minha alma reapareciam nos mais inusitados lugares, e eu sempre me punha a coletá-los. Passaram-se o que a mim pareceram bilhões de anos até que, de repente, eu me vi guardando em um pote de cerâmica o último pedaço que me faltava encontrar.

A Teoria das Cordas diz que existe uma memória nas coisas, mas não cabe a nós, meros humanos, o papel de confidentes quânticos. Simplesmente não está ao nosso alcance saber se todos esses nanopedaços a mim pertenciam antes de explodir. No entanto, todos me servem, como se encaixassem perfeitamente uns nos outros.

Tais partículas podem, inclusive, ser frutos do teu Big Bang.

Todo dia vejo almas explodindo por aí, e acompanho suas explosões com o afinco de um pesquisador da Nasa. Sento-me no meio fio dessas calçadas por horas a fio, sempre esperando a poeira baixar, para pegar mais algum pedaço de alguma alma para mim.

Como esporos de flores que pelas abelhas são levados ao longe, pedaços de minha alma hoje ocupam os mais diversos lugares. E eu abro um sorriso ao saber que esses pedaços servem em alguém.

ALGUÉM QUE, COMO EU, TAMBÉM EXPLODIU.

Alguém que, como eu, jamais será igual ao que era antes.

Alguém que, assim como eu, aprendeu a ver as almas.

FORTALEZA

_Existe um muro. Existem um quarto escuro e uma vontade de colocar tudo abaixo. Existe um desejo de reduzir a pó todos os obstáculos que coloquei entre nós.

Existe uma vontade. Existe uma ânsia inconsciente de permanecer aqui dentro para todo o sempre. De ter meus olhos em contato com o resto do mundo somente através de buracos em tijolos.

Existe uma memória. Existe uma lembrança insistente que me faz querer sair daqui de dentro. Bastaria buscar em ti a força e o motivo de que eu preciso para começar a disparar chutes contra essa parede.

Também existe um pouco de pó. Um resto de cimento em minhas mãos sujas denuncia que o responsável pela obra fui eu. Eu, o distraído arquiteto que projetou esse lugar sem janelas ou portas.

Também sei de coisas que não existem.

Uma delas: saída.

Você sempre foi um poema de estrofes pares, um empate técnico na minha enferrujada balança de argumentos. E eu? Um poema de versos tortos, uma quase-prosa sinuosa sobre um coração sem rimas.

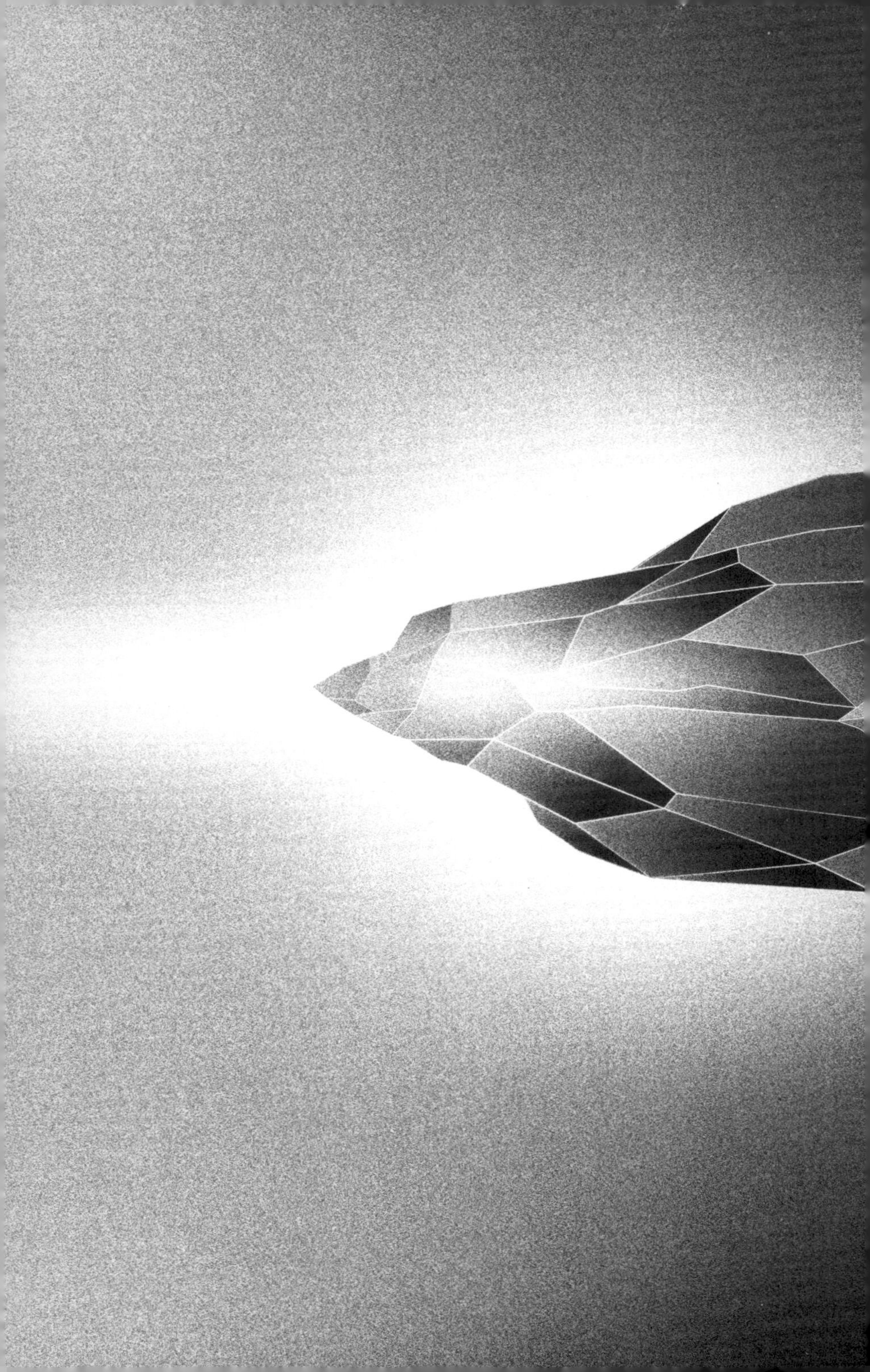

—— COMO ESPOROS DE FLORES QUE PELAS ABELHAS SÃO LEVADOS AO LONGE, PEDAÇOS DE MINHA ALMA HOJE OCUPAM OS MAIS DIVERSOS LUGARES.

SUPERSIMETRIA

_Quando, com um passo, tu ficas dois passos mais distante, é porque ela também está indo embora.

É aí que a gente começa a pensar nesses laços invisíveis que nos amarram uns aos outros. Que tamanho eles podem ter? Podem continuar apertados mesmo quando suas pontas já não mais ocupam o mesmo lugar? Quando a gente sente um fisgão nos pulsos ao abraçar outro alguém, seria essa a hora de cortar esses laços?

Quem sabe a gente não se livra dos laços de uma vez por todas? Não precisamos fazer disso um ato violento. Podemos desamarrá-los com o mesmo carinho que tivemos ao torná-los apertados como braçadeiras. Laços não são algemas. E não o devem ser.

Quem sabe agora a gente não divide essa corda em mil frações e presenteia quem a gente quiser com esses pedaços? Se eles forem pequenos demais para se amarrarem em nós, é sinal de que chegamos lá.

Ninguém precisa de um novelo de lã preso à maçaneta para lembrar o caminho de casa.

ALUCINAÇÕES
musicais

_Esses passos tímidos ecoam alto demais e, para quem não quer ser visto, isso não é nada apropriado. Esses corredores de azulejos brancos incomodam, bem como essas paredes frias que me privam do calor e do aconchego que tanto procuro nessa noite.

São esquinas que, sem alto-falantes, emitem sons de toda sorte, e muitos deles, infelizmente, são de uma voz familiar. São suspiros aos quais estou assustadoramente acostumado. Tenho uma permanente impressão de que esses sussurros já muito me esquentaram os ouvidos, em noites parecidas com a de hoje. Luto para não perder a concentração nesses sons, não me soltar do corrimão que me aponta a direção da saída mais próxima. Desconcentrado, tudo que orbita meu coração sem bater nas minhas costelas perde o controle e aí tudo que sinto é uma dor intermitente·que segue cada batida do bumbo de uma música triste qualquer.

Recordo-me dos pacientes de Oliver Sacks, neurologista inglês que se especializou no cuidado de pacientes acometidos por alucinações musicais. Trata-se de um mal que acomete principalmente pessoas intimamente ligadas à música, que se caracteriza pela repetição ininterrupta de uma melodia ou frase harmônica durante dias, semanas e, muitas vezes, algumas décadas. Todo o som encontra-se apenas no cérebro do paciente, e não precisa ser lembrado por qualquer estímulo externo.

**MUITOS ENLOUQUECERAM.
MUITOS SOFRERAM.**

Outros tantos simplesmente aprenderam a conviver com essa nada bem-vinda trilha sonora, mas ela jamais os abandonará por completo, até o final de suas vidas.

Sendo eu uma pessoa terrivelmente apegada à ficção autoinfligida de relacionamentos afetivos, há muito declarei-me um alucinado. Uma sinestesia de sensações táteis, sonhos lúcidos, sequências de notas musicais, memórias e criações da minha cabeça costumam formar a nuvem que envolve meus dias, desde tenra idade. Mais do que alucinações musicais, as minhas assumem todas as formas possíveis, de maneira que muitas vezes me sinto incapaz de discernir o que é real do que não está lá.

Desatento e desesperado, agarro-me ao trinco da primeira porta que eu encontro. E sempre acabo no mesmo quarto, debruçado sobre a mesma folha em branco, caneta em punho. Ouvindo a mesma playlist, de uma música só, aquela com nome de mulher.

A LINHA TRAIÇOEIRA

_É só eu repousar meus braços sobre o papel que, sem que eu tome conhecimento, as linhas que escrevo se amarram em meus pulsos, como finas pulseiras de um náilon irrompível. Quando dou por mim, estou preso às folhas e, a cada movimento que faço para me libertar, mais profundos são os sulcos que as linhas entalham na minha pele.

Não demora muito até o momento em que já não mais consigo empunhar a caneta. A exaltação só é interrompida pelo nó que se aperta, uma hora dessas já atritando-se contra meus ossos. Um líquido encorpado e vermelho toma conta dos papéis, apaga as palavras, faz desaparecerem as linhas. A folha em branco, tingida de escarlate, parece gritar: "Você está livre para escrever novamente".

Me pergunto: deveria não escrever? Não mais dizer coisa alguma?

Se toda vez que a ela falo flores, elas se despem das pétalas e a atingem no rosto com espinhos, deveria eu me calar? Se toda vez que a ela escrevo rosas, ela as pega com força pelo cabo espinhoso, manchando minhas palavras, deveria eu desistir?

Meus pulsos doem.

O CARROSSEL
<u>dos ridículos</u>

_O mundo inevitavelmente gira, e você, que está sobre ele nesse e em qualquer outro momento da sua existência, se vê compelido a embarcar no carrossel. No entanto, como é natural de quem está a girar, você percebe o tamanho das suas voltas com o passar do tempo. É quando você percebe que tudo se trata de um grande e previsível processo cíclico. Você pode achar que tudo que vê é novo, quando na verdade são apenas ângulos diferentes de um vídeo em eterno loop. Mas o mundo lá fora não espera você terminar sua volta para acontecer e para mudar. Enquanto você não está, o vento segue uivando, as árvores continuam a balançar, e essa pessoa aí do seu lado pode até vir a conhecer alguém mais interessante que você, e isso vai certamente te entristecer um bocado.

Por essas e outras é que eu digo que às vezes é bom relaxar… soltar a mão desse guidão que te prende a um ridículo cavalo de fibra de vidro. Deixe a força centrífuga agir sobre você, alçando seu corpo em voo desgovernado para fora dessa roda. Na maioria dos casos, há um lado positivo em se ver esborrachado no chão, colhendo os dentes que caíram da boca. Somente dessa forma você vai ser parte daquilo que sempre via apenas como um enorme borrão e entortava o pescoço para entender o que era: o mundo lá fora.

VOCÊ NÃO APENAS VAI ESTAR LÁ.

Você vai ser o mundo. Não será mais um mero espectador, como um porteiro que adormece perante câmeras de vigilância. Você vai, inclusive, ver que aquela pessoa que estava do seu lado continua presa ao carrossel e que te trocou por uma alma boçal. Qualquer um fica ridículo quando agarrado, cheio de medos e inseguranças, àquele cavalo de mentira.

E você, sujo e sem dentes, vai dar a risada mais sincera da sua vida.

AMORES QUÂNTICOS

_Evoluídos dos macacos ou não, fomos descobrindo várias coisas pela nossa caminhada nesse plano físico (o único que, de fato, conhecemos). Desde tempos em que a humanidade tateava a treva absoluta e em que tudo que importava era não ser devorado até o próximo amanhecer, aprendemos uma porção de lições. Muitas delas, da pior maneira possível. Ideias até então absurdas demoraram séculos e até milênios para finalmente ganharem status de verdade absoluta, mas somente até o surgimento de uma nova ideia até então absurda.

Galileu tinha uma teoria de que a Terra era redonda, teoria essa que o acompanhou até sua morte sem muitos adeptos. Apenas séculos depois, o que hoje para nós parece óbvio deixou de ser um acinte. E assim, sucessivamente, vieram as teorias de Newton (e seu posterior desenvolvimento), a revolução promovida por Einstein. Parecia que finalmente estávamos compreendendo o funcionamento do Universo, desde os grãos de areia até as inconcebíveis dimensões de galáxias e aglomerados delas. Toda matéria parecia obedecer a uma única lei, seja qual fosse seu tamanho, sua velocidade, sua composição.

No entanto, tudo muda quando observamos o

Universo em sua menor escala, em mundos infinitamente menores do que grãos de areia, muitíssimos menores até mesmo que os átomos que compõem nossos corpos e (quase*) tudo que há ao nosso redor. Na escala quântica, coisas se "comunicam" com outras coisas, em velocidades de até dez mil vezes a velocidade da luz, ou se multiplicam sem motivo aparente, aparecem em dois lugares diferentes, giram em duas direções ao mesmo tempo, ocorrem inúmeros fenômenos que desafiam quaisquer noções propostas pela física tradicional. São fenômenos desconectados do tempo e do espaço dos quais nos percebemos indivisíveis, e ainda temos muito poucas explicações sobre os motivos de o Universo ser assim no nível subatômico.

Os três parágrafos acima, no entanto, são apenas o embasamento teórico toscamente exposto por um músico sem nenhuma formação acadêmica, para que entendamos um ponto dessa história toda que, para mim, consiste na mais pura forma de poesia quântica: o vazio. Essa poesia se manifestou perante meus olhos quando descobri que, se aumentássemos um átomo até que este fosse do tamanho de um estádio de futebol, seu núcleo teria o tamanho de uma bolinha de gude. Foi quando meu mundo pareceu ter sido varrido das solas dos meus pés.

Nós não somos feitos de matéria da maneira que eu acreditava que fôssemos.

SOMOS FEITOS QUASE QUE SOMENTE DE VAZIO.

É o vazio que ocupa a esmagadora maior parte do nosso corpo. Entre os núcleos dos nossos átomos e as extremidades das órbitas dos nossos elétrons existe apenas o mais etéreo nada. É como se fôssemos feitos integralmente de minúsculas bolhas de sabão! Fiquei alguns minutos fitando o teto do meu quarto, tentando saber o que fazer com minhas bolas de gude e meus estádios. Foi quando peguei emprestado da mecânica quântica o sentido para me colocar de volta nos eixos.

O mundo da física tradicional tange tudo aquilo que se pode tocar, mesmo que num sentido figurado: tudo aquilo que podemos inferir através dos nossos sentidos, experimentações e sensações. Ele está lá, e podemos vê-lo, senti-lo, provar sua existência e funcionamento através de cálculos e simulações precisas, elegantes. Ele existe. O mundo quântico, segundo o Princípio da Incerteza de Heisenberg, é caótico. Nada se pode ver nem se provar.

TUDO EXISTE DE TODAS AS MANEIRAS POSSÍVEIS.

As leis não o governam, e as constantes não são mais tão constantes assim. Não sabemos se ele existe, mas ele precisa existir para que tudo faça sentido.

E eu? Eternamente sonhando em viver de amores quânticos. Querendo me ocupar com o teu vazio, e fazer dele algo menor e menos dolorido. E, quando você olha para mim, dizendo sem palavras que também habita o meu abstrato caos microscópico, meus estádios transbordam bolinhas de gude.

Até uns anos atrás, meu conhecimento vigente apelidava o amor de *ideia absurda*. Ponto para a ciência.

RESUMO DA HISTÓRIA

_Eu queria te mostrar tantas coisas, dizer tantas coisas...

Mas teu capítulo em meu livro é tão grande que a capa se foi junto com as páginas que arranquei.

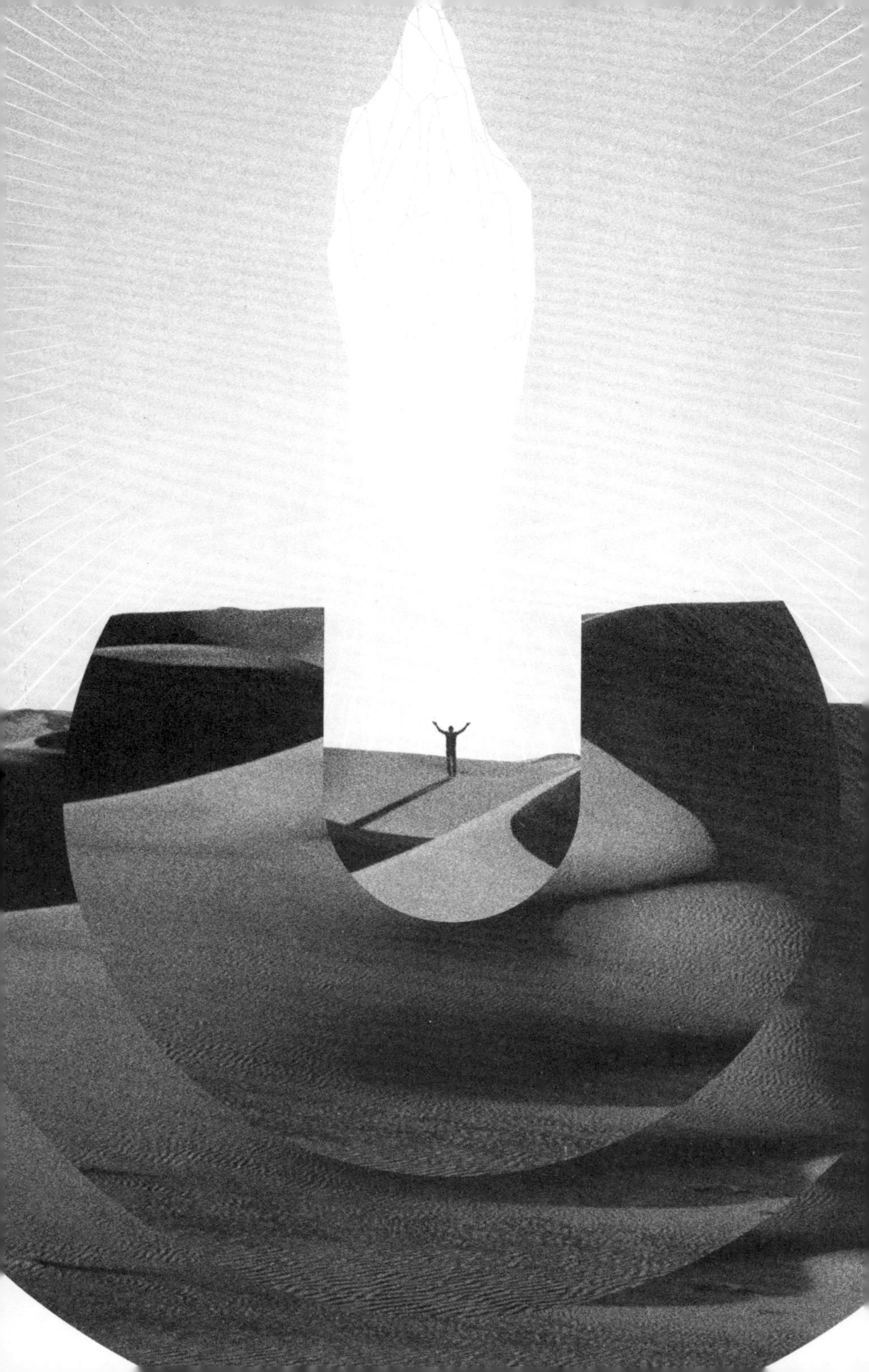

ENQUANTO VOCÊ
NÃO ESTÁ, O
VENTO SEGUE
UIVANDO,
AS ÁRVORES
CONTINUAM A
BALANÇAR E
ESSA PESSOA
AÍ DO SEU LADO
PODE ATÉ VIR
A CONHECER
ALGUÉM MAIS
INTERESSANTE
QUE VOCÊ
E ISSO VAI
CERTAMENTE
TE ENTRISTECER
UM BOCADO.

SONHOS LÚCIDOS e buracos de minhoca

_01) A humanidade acreditou por séculos que havia áreas do Universo que poderíamos visitar apenas por meio de telescópios bisbilhoteiros, tamanha a distância entre nosso planeta e esses longínquos endereços. O espaço-tempo, que em escala intergaláctica é chamado assim mesmo, com o hífen entre as duas palavras justamente porque os dois conceitos se fundem quando lidamos com a totalidade do Universo, possui um tamanho difícil de renderizar na nossa mente, visto que vem se expandindo a velocidades cada vez maiores ao longo dos últimos 13,4 bilhões de anos. Era como se vivêssemos em um bairro afastado, parte de uma grande cidade sem linhas de metrô, incapazes de explorar as belezas das outras vizinhanças e de conhecer seus pontos turísticos, sua gente.

Aí veio Einstein, com ideias até então ousadas para o entendimento vigente, ideias que revolucionaram o conhecimento humano acerca das origens do Universo. Desenvolvendo conceitos newtonianos, Einstein nos aproximou um pouco mais da resposta para a pergunta fundamental da humanidade, o famigerado questionamento: "Quem somos? De onde viemos? Para onde vamos?". Entre os temas propostos pelo físico alemão, um deles me instiga desde sempre: os buracos de minhoca, que são "atalhos" entre dois lugares muito distantes do Universo. Você entra por um buraco e é instantaneamente transportado para um lugar totalmente diferente, em outra extremidade do Universo. A Teoria da Relatividade Geral de Einstein prevê a existência dessas "passagens secretas", embora jamais tenhamos enxergado alguma e elas terem um tamanho absurdamente diminuto e ficarem abertas apenas por um piscar de olhos. Desde a aceitação do conceito de buracos de minhoca, cientistas no mundo todo têm se debruçado sobre pilhas de cálculos, a fim de provar a possibilidade de estabilizarmos um buraco e aumentarmos seu tamanho de modo que, quando tivermos tecnologia suficiente para tal, possamos utilizar essa rede de túneis para a realização de viagens intergalácticas, assim eliminando as distâncias impostas pela magnitude do Universo e, quem diria, contrariando Einstein.

02) A humanidade também sempre se viu intrigada pelo "Argumento do Sonho". A ideia partiu do filósofo francês René Descartes, que alega que, enquanto sonhamos, temos experiências sensoriais tão vívidas quanto as que temos quando acordados. Somente nos damos conta de que aquela vivência era um sonho quando ela é confrontada pelo mundo real, e para que haja esse confronto, precisamos estar acordados.

LOGO, JAMAIS PODEREMOS CONFIRMAR COM BASE NOS NOSSOS SENTIDOS SE ESTAMOS VIVENDO OU SONHANDO.

Os nossos sentidos estão sempre a nos trair, não é mesmo?

A possibilidade de sonhos lúcidos me levou a pesquisar bastante sobre o assunto, conhecendo as técnicas que poderiam transformar meus sonhos em jogos de primeira pessoa (onde eu faço todas as escolhas) em vez de filmes dos quais sou mero espectador. Sabendo que tudo não passa de um sonho, o que nos impediria de atravessar paredes, flutuar, pular de penhascos, ter as mais variadas experiências que a nossa mente fosse capaz de conceber? Jamais tendo certeza acerca de qual lado da existência eu estou ocupando no presente, atenho-me às leis da física e ao que acredito ser real. Inúmeras vezes me flagrei esperando atento as escolhas do diretor dos meus sonhos, torcendo para que deles surgissem revelações, epifanias e mais inspiração. Em vão: tudo que tenho são experiências desconexas e sem sentido aparente, ou um resquício do barulho da tevê ligada madrugada adentro, me contaminando a mente.

03) Uma vez tendo em mãos a escolha de viver em busca do Sonho Lúcido, em troca da previsibilidade e do marasmo dos meus dias terrenos, agarrei com força a primeira opção. Um dia quero acordar em minha cama e dizer que fui outras pessoas, habitei dimensões paralelas, fui triste, feliz, casto, dei-me à luxúria, vivi, morri, perdi, venci. Quero me confortar, sabendo que para sempre terei comigo o Argumento do Sonho, lembrando-me de que nada passa de experiências sensoriais: simulacros do real existentes em lugar nenhum do Universo que não o meu cérebro.

Nos sonhos, poderei até trafegar no emaranhado de buracos de minhoca que a ciência ainda não descobriu: eles serão totalmente plausíveis aos meus traiçoeiros sentidos. E talvez seja esse — o sonho — o caminho para todos os lugares inalcançáveis ao plano físico. Nada pode me assegurar que eu não sou um habitante de Kepler 438b sonhando que está em um planeta distante, com um dispositivo eletrônico em seu colo, escrevendo um livro sentado no terraço de sua casa. Enxergar a possibilidade da vida sob a ótica de ser um sonho lúcido é um artefato capaz de amenizar a obliterante noção de que, na imensidão das galáxias, não representamos coisa alguma.

Sonhar é ter, por uma noite que seja, a imensidão nas minhas mãos.

INVASÕES escritas

_Eu nunca digo que vou mudar. Eu nunca mudei, e não foi porque eu não quis. É simplesmente porque esse sou eu, e qualquer esforço em não "me ser" seria, por si só, uma traição. Mesmo que pudesse voltar no tempo, mesmo que pudesse fazer tudo de novo, todas as desventuras que vivi me levariam ao mesmo agora.

E eu jamais estive tão apegado ao presente. Jamais estive tão sedento pela luz do sol e, principalmente, pela falta dela, na calada da noite, que a muitos assombra, mas a mim traz inspiração.

Eu vejo em cada uma dessas esquinas dobradas um novo horizonte, uma nova página para escrever com meus desastrados passos de garrancho. Quando deito na cama para ler o livro dos meus dias, invariavelmente encontro, justamente naquelas frases sem concordância, os maiores acertos.

Foi escrevendo um desses parágrafos rasurados que vi você errando também. Mas você tinha uma capacidade de escrever sem olhar para as mãos, nem para o papel. Você olhava para mim, do outro canto daquela sala.

No entanto, com hercúleo esforço, superei minha curiosidade e todos os meus mais primitivos instintos para conseguir esperar o forte, intenso e último toque que a tua caneta deu naquela folha branca. Então eu comecei a escrever compulsivamente, extrapolando os limites do papel, riscando mesas, sofás, tapetes, inclusive o chão, até que minha caneta alcançou o teu papel.

A PÁGINA SE FEZ NOVAMENTE EM BRANCO.

Juntos, podemos nela escrever o que quisermos.

...E A MIRA DA CANETA

_A folha nova convida minhas palavras e restringe meu tema a toda a imensidão do universo. Ao primeiro toque da caneta, começa a ganhar foco o meu farol. Uma metralhadora de palavras que a muitos atinge passa a ser operada por mãos cada vez mais cuidadosas, até que o tiro dá-se por certeiro. E só você sabe de onde ele vem.

Uma vez atingida, te resta vida para devolver a rajada? Te restam espelhos para refletir essa luz?

Me sobram ambos. E eu tenho todo o tempo do mundo.

Sim, eu sei muito bem de todos os pesares e os malefícios de trocar o sol pela lâmpada incandescente, mas também percebo a sensação de liberdade que existe quando minha sombra se perde na penumbra. São raríssimos os momentos em que estou tão sozinho a ponto de ouvir meus batimentos cardíacos. Basta fechar os olhos. É na escuridão que eu tento encontrar tudo aquilo que eu perdi achando que, ao te encontrar, não precisaria mais de nada. É na mesma escuridão que eu tento te ajudar. Esse pedaços de mim espalhados pelo caminho são para você se guiar.

DE REPENTE

_De repente, a gente vê que aprendeu várias coisas. Mas isso não se deu de um dia para o outro. Muitíssimo pelo contrário: foi aos poucos.

"De repente" não quer dizer que a gente aprendeu rápido. Quer dizer que não percebemos que estamos aprendendo, até que — plim — aquele aprendizado nos transforma em outros seres. Mais evoluídos, mais sábios, mas nem por isso menos propensos à repetição dos erros de sempre.

Folheamos álbuns de fotos antigas, mas somos capazes de reconhecer nossos rostos. As frases ditas e as atitudes tomadas parecem ser de outro. Nossos novos *eus* aprenderam que não há amor que não acabe, doença sem cura, estrada sem fim. Aprendemos que o caminho, sim, esse é sem fim.

Basta torcer para estar percorrendo o caminho certo. Basta perceber que o seu caminho é errado e esperar pelo próximo retorno. Pode não parecer ao observador desatento, mas a vida é uma enorme estrada de duas mãos. Só não podemos cobrar dessa vida que, uma vez no passado, as coisas lá permaneçam da mesma maneira que deixamos caso um dia a gente volte. Não somos os únicos andarilhos.

Talvez você tenha aprendido mais que eu, ou até menos, ou então aprendido coisas diferentes, ou se ausentado de todas as aulas mais importantes. Disso eu jamais terei certeza, mas me sinto impossibilitado de acreditar que a sua versão do que é o amor é a correta. Se o certo for eu, também me entristeceria saber que nossos caminhos jamais se transformarão num só. E, mais do que tudo isso, me assombra a ideia de que nós dois possamos estar certos.

O HOMEM que jamais dormiu

_Que olheiras são essas?

Quando eu durmo, acabo acordando para um mundo que você não conhece. Ele é só meu, e entra nele quem eu quiser. Com o fechar de minhas pálpebras, cerram-se as portas, e não há senha para entrar. Meus sonhos viram habitantes de um castelo distante, daqueles com água nos seus entornos, ponte levadiça e um dragão me servindo de vigia. Nesse meu mundo não tenho olheiras, não tenho olhos, nem face, nem corpo.

SOU APENAS ESSA ALMA INACABADA, EM ETERNO CONSTRUIR.

Meu mundo externo não tem muros e pode ser extinto pelo simples soar da sua voz.

E TALVEZ
SEJA ESSE
- O SONHO -
O CAMINHO
PARA TODOS
OS LUGARES
INALCANÇÁVEIS
AO PLANO FÍSICO.
SONHAR É TER,
POR UMA NOITE
QUE SEJA,
A IMENSIDÃO
NAS MINHAS
MÃOS.

ENTENDIMENTO em um acidente de carro

_Você acredita que eu estou aqui. Você, inclusive, acha que esse cara que está na sua frente conversando, fitando seus olhos, gesticulando com a cabeça, argumentando e discordando, sou eu. Mas eu não estou aqui. A verdade é que eu não estou nem aí.

É que por tantas vezes eu achei que você estivesse realmente comigo… Muitas vezes eu, inclusive, jurei estar conversando contigo, acreditando que tu prestavas atenção. Você concordava, respondia, discordava, me ouvia, contra-argumentava e, novamente, discordava. Mas você não estava aqui. Você não estava nem aí para mim.

E é assim mesmo, sumidos de nós mesmos, que sobrevivemos aos duros golpes dos dias. Não é por acaso que surgem em nossos caminhos essas rachaduras no asfalto. Nosso caminho é o mesmo, nosso vetor é o mesmo, mas é a nossa direção que nos faz bater de frente. E bater de frente dói, justamente porque a gente sabe tudo sobre o obstáculo que se aproxima, a gente é testemunha daquele ponto no horizonte que, em questão de segundos, se transforma numa massa de ferro retorcido e labaredas incandescentes. No entanto, nosso pé amarrado ao acelerador nos

transforma em automóveis doentes, sem volante, infectados pela impossibilidade do desvio.
Na verdade, a gente gosta mesmo é do choque.

Derrapei. Na curva. Adentrei a pista contrária, cegado por um oceano de faróis. Mas dessa vez não foi você.

Permaneço, até agora, ainda preso às ferragens, mas já livre do fogo cujas chamas a chuva teve a caridade de apagar. Não sinalizo pedido de socorro, muito menos gasto minhas cordas vocais clamando por ajuda. Parece que nunca me senti tão confortável, tão sob controle, tão vivo. Meu olho esquerdo focaliza a pista na qual vejo passarem todos esses carros, tão mais velozes, tão mais bonitos, novos, e com pilotos tão mais atentos do que eu. Coitados — penso —, nunca sentiram o solavanco repentino e inesperado lhes fisgar as entranhas como um talentoso assaltante que te toma a carteira e deixa de brinde um punhal no pulmão. Nunca tiveram seus olhos ameaçando escapar das órbitas. Nunca testemunharam o momento em que aço vira papel, nem tiveram a oportunidade de torcer para que o óleo encontre a faísca. Coitados desses.

Hoje eu quero mesmo é que tudo se exploda. E que seja luminosa a explosão. Que nosso impacto ecoe pelos quarteirões e faça tremer vidros, quebrar janelas. Que perturbe teu sono e te faça ir para a rua ver o que aconteceu. Você não vai me encontrar lá.

Eu não sou o piloto. Não sou o passageiro. Não sou o pedestre.

EU SOU O ACIDENTE, E EU SOU GRAVE.

O DILEMA de arrumar as malas

_Existem sentimentos e sensações que não viajam com a gente. Tem saudade que vai junto com o avião, que é bagagem de mão, mas tem paixão que não solta do chão do apartamento, que é mancha no carpete, e tem ansiedade que fica na parede do nosso quarto a nos assombrar o sono.

Existem sentimentos e sensações que a gente precisa despachar no momento do check-in, para pegar só na chegada. Afinal, nada pode ser mais perigoso do que levar tristeza, angústia ou qualquer outro sentimento negativo para a cabine pressurizada. Não é por acaso que a chefe de cabine fala que o balanço de pousos e decolagens pode mexer com tudo que há lá dentro.

Existem sentimentos e sensações que eu deixo em casa. Deixo problemas para serem resolvidos amanhã, na próxima semana ou nunca.

Com o tempo, aprendi que, assim como existem histórias que ficam restritas a um dia, um mês, uma cidade, existem também aquelas outras que teimam em se esconder nos nossos bolsos quando a gente menos imagina. É um baseado antigo, que pode nem ser seu, mas ali está escondido, pronto para aparecer na primeira blitz policial.

E existe aquele mundo de coisas que, importantes ou não, boas ou não, fazem parte de mim, e delas não há como se livrar. São coisas que eu levarei comigo, e justamente aquelas com as quais tenho mais problemas em conviver.

O PROBLEMA SOU EU.
A SOLUÇÃO TAMBÉM.

ROTEIRISTA IRREMEDIÁVEL

_Eu realmente gostaria de fazer sentido.

No entanto, acredito que somos realmente capazes de viver as histórias que inventamos, mas não como o lunático que crê ser Napoleão Bonaparte. É que, com alguma insistência, um pouco de prática e um punhado de sorte, eu fui capaz de te trazer para a minha história, que acabei de começar a escrever. Você nem sabe que faz parte dela, mas você já foi escalada pro seu papel.

Cabe a mim viver essa história, de forma tão fiel que mentira e verdade se fundam em uma narrativa com início, meio e um final cujo decreto cabe à minha caneta. Cabe a você deixar-se ser escrita, e eu tenho muita coisa para contar. E não precisa dizer que eu não te conheço, que isso não faz sentido, que eu estou enlouquecendo. Eu sei muito bem disso. Sei que os diagnósticos possíveis são muitos, mas meu médico sou eu mesmo: nada homeopático nas doses e muito acupunturista, no ímpeto de cutucar as regiões feridas. Em minha lista de amigos, só não se encontram anestesistas.

MEDITAÇÃO de um ano-novo qualquer

_Todo dia é ano-novo. Por causa de uma convenção adotada sem que nos perguntassem sobre, acreditamos que a vida se dá em ciclos de 365 dias, mas não é isso que realmente acontece. A cada dia, um ano novo começa, e muitos outros terminam.

Todo dia a gente faz um monte de coisas pela última vez, e outras pela primeira. A gente promete deixar de fazer isso, passar a fazer aquilo, mudar, mudar, e mudar de novo. No entanto, este ano eu vou tentar diferente.
O que eu quero agora é dar continuidade. Eu quero tudo que eu já tenho, só que em quantidades maiores, muito maiores. Será que é pedir demais?

É chegado o dia em que a gente vai parar de fazer as coisas pela metade, para fazê-las de verdade. Não mais direi meias-palavras, muito menos acreditarei em meias-verdades. Eu quero a verdade por inteiro, e quero que ela seja dolorida, se tiver que ser, ou prazerosa, ou como eu bem quiser — mas que seja de verdade! Eu quero conhecer as pessoas por completo, ir além da casca e, em suas almas, encontrar as ferramentas para curar as feridas da minha. Para que isso aconteça, vou me relacionar além

da superfície, e ver que há algo por detrás dos olhos, e que o abraço não traz apenas calor.
Que risquem dos dicionários a solidão.
Quero conseguir ouvir mais do que palavras e arrancar sorrisos que contenham mais do que dentes e gengivas. Eu quero sorrisos nos olhos. Quero que o choro seja mais do que simples murmúrio e que as risadas me tragam a paz de que eu preciso. Digo isso pois tenho certeza de que a alegria vai ser intensa, e as felicidades não caberão em mim, forçando-me a dividi-la com todos que fazem questão de viver ao meu redor.

E que o amor arrebate. Que seja forte, contagioso e incurável.

1996

_Qualquer vulto já me lembra tua figura, e uma fala qualquer se parece com o teu nome. Não sei como eu devo chamar isso, pois não é natural além de ser nada sensato. No entanto, foi a insensatez na sua forma mais pura que me fez chegar à tua frente e despejar essas palavras, disse o pirralho.

Hora do recreio. Ele nem lanchava. Ficava só olhando de longe. Ela era mais velha, era linda, chamava-se Paula, e era colega de classe do irmão dele. Três anos mais velha, mas batia em seu peito, de tão baixinha que era. A genética de Paula era traiçoeira, e enchia o coração do moleque de falsas esperanças. O cabelo de Paula era curto e tinha em seus fios sua cor preferida: um vermelho intenso que ganhava tons de ferrugem quando atravessado pelos raios solares, que pontualmente se mostravam no pátio do colégio todo santo dia pelas dez da manhã. Ele passou o ano inteiro com uma dúzia de frases guardadas na cabeça, ansiando por uma vazão repentina, que surtisse o efeito desejado. Ele tinha doze anos.

Deveria ser outubro ou novembro. Ele gostava de ficar até mais tarde no colégio, brincando de esconde-esconde, jogando bola, sendo um pré-

-adolescente cheio de energia e tentando lidar com suas primeiras erupções de testosterona. Paula jogava vôlei todas as quartas, e ele adorava espiar aquele desfile de pares de coxas. A trilha sonora desses dias era nada mais que o piado provocado pelo atrito da borracha dos solados dos tênis daquelas meninas com o assoalho amadeirado da quadra. Devidamente ecoados pelas paredes do ginásio, esse ruído parecia música aos ouvidos do pivete. Chegado o fim do treino, todos foram embora, mas justamente os pais da Paula e os dele foram os mais atrasados. De repente, aquele improvável casal se viu solitário na penumbra que já pintava de tons negros cada canto do pátio.

Tomou emprestada toda a coragem do mundo e rumou na direção dela, já decidido a dar um fim a toda aquela tensão acumulada. Estufa o peito e vai, dizia a si mesmo, aos cochichos. Disparou...

...óbvio que não iria acontecer. No fundo, ele já sabia disso. A moça do segundo grau jamais vai querer algo com o pirralho da sexta série.

Após ouvir com atenção a proposta cuidadosamente decorada do menino, Paula riu, mas não por maldade, e sim porque foi pega de surpresa. Tratava-se de um evento inédito em sua vida. Seus colegas a achavam pequena demais e tinham atenção somente para aquelas que já revelavam traços de mulher-feita. Ela nunca teve um admirador, mas jamais imaginaria que seu primeiro pretendente seria tão mais jovem que ela. Dali a uns poucos anos, essa discrepância passaria despercebida. Mas, no colégio, todo mundo sabe dos abismos que separam uma série da outra, por mais que aquilo seja mera ilusão.

UM DIA DESCOBRIRIAM QUE NÃO PASSAVAM DE UMAS CRIANÇAS MAIORES QUE AS OUTRAS.

E, antes que ele fosse acometido por algum sentimento que lembrasse uma leve tristeza, foi interrompido por um repentino orgulho. No dia seguinte, a fofoca já se espalhara: todos os colegas dela já sabiam do que tinha acontecido, e o menino recebeu os cumprimentos de uma porção deles, pela ousadia, desprendimento e cara de pau.

Abordado pelos grandões, incrédulos pela coragem que aquele guri mostrava e que eles ainda nem sonhavam ter, o pirralho enchia a boca para se apresentar:

Prazer, Lucas

GUIA PRÁTICO *para a procura do que não se sabe o que é*

_Não é do tipo de coisa que se encontra no chão. É ela que nos encontra, e quase sempre o faz quando já estamos no fundo do poço, procurando um buraco ainda mais escuro e longínquo para ecoar nossos gritos.

Também não é do tipo de coisa que a gente pode sair por aí perguntando por informações, procurando embaixo de pedras, dentro de cavernas, no topo de montanhas. Normalmente essa coisa nos encontra quando já estamos cansados de tanto procurar. São muitos cantos, muitos corredores formando labirintos de pedra e cimento, e a gente acaba preferindo passar a vida perdidos em largas avenidas.

Pode-se dizer, também, que não é do tipo de coisa imprescindível na vida. Não dependemos diretamente disso. No entanto, quando a gente encontra, ficamos perguntando como é que conseguimos viver tanto tempo sem.

NÃO SE TRATA DE UMA COISA PERFEITA, UMA OBRA FINALIZADA, POLIDA E BELA.

Passa longe disso. Mas seremos capazes de encontrar sublime beleza nos seus mais profundos defeitos. E essa coisa vai perceber todos os nossos, em sua plenitude, assim que cruzarmos os olhares.

Isso é o que não é. Mas o que é, eu sinceramente não sei.

Sigamos procurando.

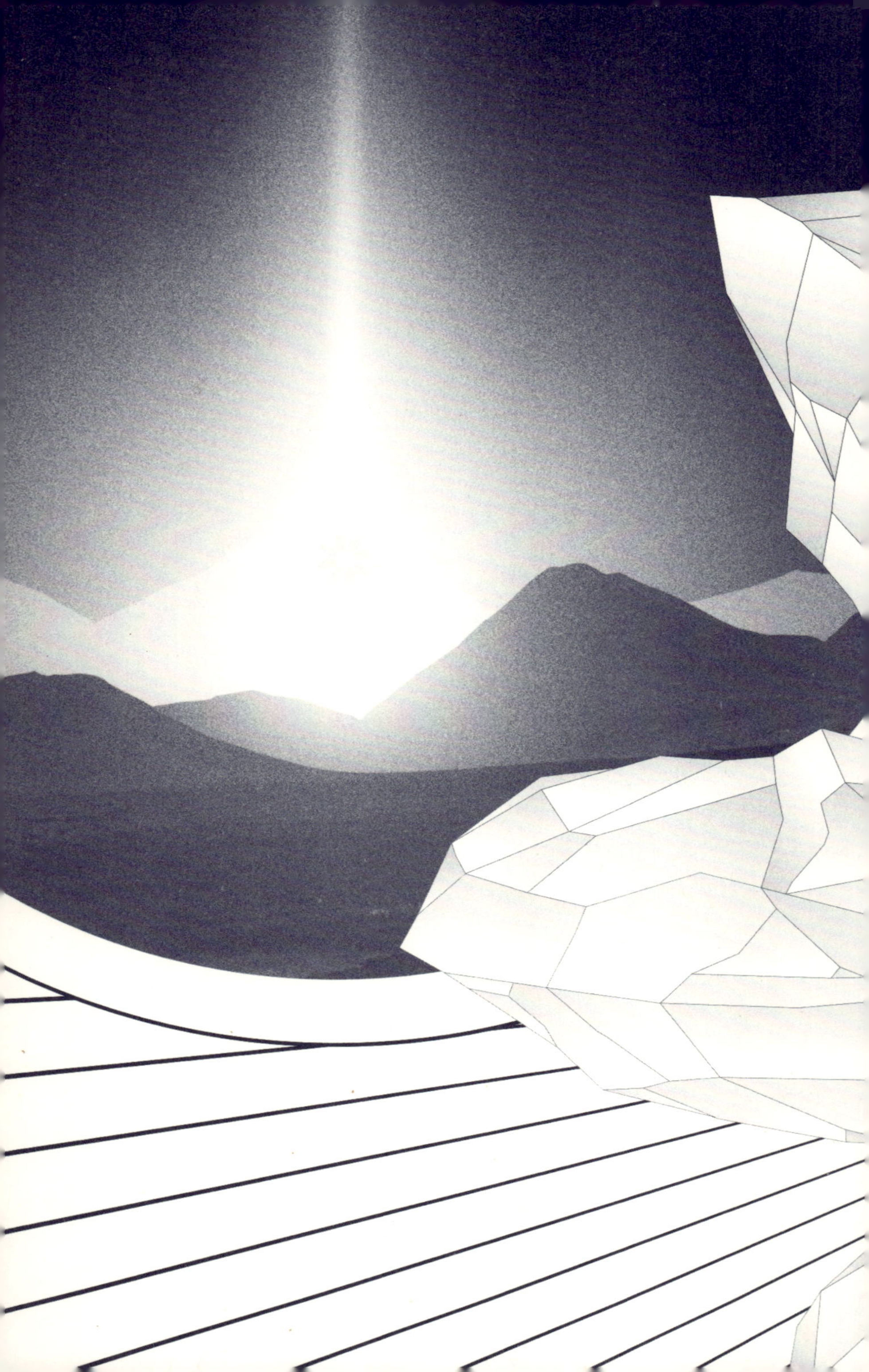

QUE RISQUEM
DOS DICIONÁRIOS
A SOLIDÃO.

BOMBA-RELÓGIO

_Para o resto do mundo, este último minuto foi apenas mais um que passou, mas meu relógio continua em contagem regressiva.

"Mea culpa", eu diria.

Fui eu quem programou isso tudo. Providenciei os mais poderosos explosivos para que eu pudesse conceber essa efêmera obra-prima de destruição em massa que habita meu quarto, nessas estranhamente frias noites de outubro.

Quanto mais próximo esses números chegam do zero, menor fica a minha vontade de desplugar o fio verde, aquele que transformará essa agonia que se pode detectar pelo ar em um desconfortável binômio de paz e silêncio. Nem todos querem sossego.

Eu já aprendi a olhar sem apego para essas paredes, esses móveis vagabundos, essa pilha de livros lidos pela metade e as memórias que me mantiveram por muitos meses longe dessa sensação de explosão iminente.

Que queimem todos. Que vire cinza tudo.

Que eu suma da face da Terra. Sou um em sete bilhões, orbitando uma em centenas de bilhões de estrelas, em um canto perdido de uma dessas incontáveis galáxias.

A PEQUENEZ DA MINHA EXISTÊNCIA JÁ MUITO ME ASSUSTOU.

Até o dia em que eu descobri que cidades inteiras podem ser eternamente destruídas com a fusão de dois átomos de hidrogênio. Eu tenho alguns aqui.

A bomba-relógio segue ligada.

Detonadores, OK.

Carga de explosivos, OK.

Você aqui comigo, OK.

Eu nem me importo mais com a violência da explosão, contanto que eu esteja aqui para sentir o mergulhar dos teus estilhaços na minha pele. Contanto que eu e você nos transformemos numa só massa disforme, da qual peritos legistas, incrédulos e tampando o nariz, vão se julgar incapazes de dizer de quem são todos aqueles milhões de pedaços.

Você é uma bomba-relógio. E o fato de a nossa história ter data para se transformar em apenas memórias em nada me entristece. A urgência desse quase-amor transforma cada segundo em vermelho-piscante desse monitor LCD em uma construção cheia de significados.

Eu estou pronto. Pode explodir.

UM PAR DE ASAS

_Tenho sido constantemente tomado de assalto pelo inédito, pelo inesperado, pela novidade. Nem mesmo eu sabia o quanto estava precisando de novos ares, novos lugares, novas histórias para contar, até que todas elas apareceram pelo meu caminho. Por muito tempo achei que estivesse vivendo, mas me repeti demais, permaneci em situações que eu sabia que dariam errado desde o começo. Muito disse, muito senti, estraguei uma ou outra coisa, mas sobrevivi. Qualquer outro caminho que eu tivesse seguido não me teria trazido até o agora. Estou lentamente me apaixonando pelo agora, e isso só me deixa mais ansioso pelo que está reservado para mim no futuro.

Parei de caminhar embaixo da marquise, com medo da chuva. Deixei-me atingir por raios. Sempre tem um ou outro que é forte o suficiente para fazer o coração parar, para depois voltar a bater ainda mais forte.

É INTENSA A VIDA DE QUEM CORRE NA CHUVA SEM DESVIAR DAS POÇAS D'ÁGUA.

É imprevisível a vida de quem caminha sem medo de escorregar, de olhos fixos no horizonte, desatento às pedras do caminho.

Os tombos viram cicatrizes e, de seus pontos recém-costurados, se pode inferir uma porção de coisas. E, entre "não faça isso" e "faça aquilo", a gente passa a caminhar por estradas cada vez mais estreitas, quase claustrofóbicas. São tantas as lições que a vida nos dá, que, por vezes, vemos nosso mundo se restringir a minúsculos cubículos cercados por intransponíveis muralhas. Assim a gente para de caminhar, e passamos a viver em um eterno e enfadonho loop de sensações.

Quando essa situação se transforma numa sina insuportável, a gente apalpa as próprias costas em busca de cicatrizes abertas e descobre que somos dotados de asas. Lá de cima, a gente pode acompanhar todos os caminhos que deixamos de percorrer, por medo de colecionar novas — e mais doloridas — cicatrizes. Tomados pelo arrependimento, descobrimos que nossa estrada não é larga o suficiente para duas pessoas e que, enquanto enxergarmos o mundo pela perspectiva de quem vaga pelo chão, estaremos condenados à eterna agonia de sermos donos de almas solitárias.

A DÚVIDA
e a dívida

_O que diz o espelho quando você está frente a frente com ele? O que é que ele diz de você, do que você faz, do que você fez, do que você pensa, dos seus sonhos? Seria possível adquirir a serenidade, atingir tamanho distanciamento de si mesmo, a ponto de tecermos uma autoavaliação que não seja contaminada pela nossa vaidade e, pior ainda, pela nossa inerente autodepreciação?

O que tenho descoberto é que, a cada dia que passa, nós, que acreditamos em nós mesmos, vemos na face prateada do vidro algo cada vez mais parecido com o que ocupa os nossos sonhos. Não me refiro, aqui, à imagem física, às aparências, ao mundano, às enganosas armadilhas que a superficialidade latente do nosso lado negro nos coloca pelo caminho. Eu falo de sonhos. E, mais do que sonhos, falo de objetivos, que nada mais são do que sonhos que estamos tentando realizar. Eu falo de missões que a gente dá a si mesmo, nobres ou não. Estamos cumprindo? Estamos, ao menos, tentando cumpri-las? Será que a gente sabe qual é a nossa missão aqui? Não se culpe se você ainda não tem essa resposta. Não tenho muitas delas, mas essa é uma daquelas que se revelaram muito cedo na minha vida.

O espelho pode falar eloquentemente sobre a

nossa missão na Terra, pois é a única forma que encontramos de encarar os próprios olhos. Estou particularmente cansado de gente que não consegue olhar nos meus olhos por não saber que é atrás deles que se encontra a minha alma, a única versão correta do meu "eu". Essas pessoas não conseguem nem olhar nos seus próprios olhos, pois sabem que vão ver o que não querem. Nada pode ser pior do que se encontrar em débito consigo mesmo. Nada é pior do que ter aquele par de olhos no espelho nos cobrando, e não demonstrarmos interesse em saldar essas dívidas.

Falando assim, posso parecer feito de certezas, quando, na verdade, não passo de uma montanha de dúvidas. No entanto, antes a dúvida que a dívida. As dívidas paralisam, dúvidas nos colocam em eterno movimento. E são essas dúvidas que me guiam atrás das grandes respostas. Procuro escrever sobre cada uma dessas respostas que eu encontro por aí, após muito bater pernas, numa busca aparentemente sem rumo. Tudo que eu sou é fruto de uma procura infindável. E só eu sei quantas vezes, por essas andanças, acabei encontrando uma pergunta ainda mais inquietante, quando tudo o que eu queria era uma resposta curta e certeira.

ESTE TIPO DE RESPOSTA NÃO EXISTE. NÃO HÁ. NUNCA HOUVE.

Algumas respostas o espelho me conta, mas, quanto a outras, me dá somente dicas confusas. Meu espelho tem algo que chamo de Complexo de Mestre dos Magos. E tem também aquelas questões que são tão complicadas que eu nem sei por onde começar a perguntar. E é por não ter respostas para tudo que eu acabo escrevendo. Para mim mesmo, as perguntas. Ao mundo, as respostas.

Um dia eu vou saber responder todas elas. E vou escrever na minha alma, para que todos leiam por detrás dos meus olhos.

DESTERRO

_Aproximando-se do fim de seu percurso, ainda ofegante, ele deposita todo o peso de seu tronco sobre as mãos apoiadas nos joelhos e fala a si mesmo uma porção de coisas que, aos ouvidos alheios, não têm nexo algum. Ele balbucia as mesmas lamúrias repetitivas que sempre fizeram parte da sua vida, como se fossem o combustível vital e imprescindível para o funcionamento de seu coração.

Com parte do fôlego recuperada, ele torna a andar, procurando nos olhos dos passantes algum vestígio do semblante daquela que ele tanto procurou. Percebe estar totalmente perdido, e resolve perguntar ao homem de aparência humilde que ali estava sentado, entoando canções em troca de moedas:

— Onde foi que eu errei?

— O brilho que emana da tua alma pode ser visto a qualquer distância, de todos os rincões dessa Terra. O teu erro foi querer mostrá-lo a uma moça que caminhava de olhos fechados. Te sobra vaidade para a conquista, mas te falta fé para a permanência.

PAIXÃO FAZ BEM AO TEU EGO.
O AMOR FAZ BEM AO TODO.

Seguiu sua caminhada, agora com o corpo leve, e sem a menor noção de para onde iria. Sua cabeça estava ocupada demais com as palavras daquele homem. Sabia que mudara. Sabia que nada jamais seria igual, fora a estrada e os seus passos.

MANIFESTO DO CANTOR

_Eu canto para remover de mim a culpa e suprir a falta de coragem. Para me fazer ouvido e para ver do lado de fora coisas que não enxergava dentro de mim. Para aglutinar ao meu redor os que me querem bem e afugentar aqueles que me querem morto. Para terminar frases que muitos não conseguiram e para começar sentenças que o mundo vai terminar para mim. Para quem eu amo e para quem eu odeio.

Eu canto para todos e para ninguém. Eu canto com meus olhos e com a garganta em chamas.

E assim o farei para todo o sempre, mesmo que um dia me esgote a voz.

O LUGAR DA CANÇÃO
(e o walkman da memória)

_Não há um saco sem fundo, nem um baú, muito menos algum logradouro inexistente que só se atinge em um determinado estado de espírito. É de verdade. É muito real. Na verdade eu não sei o que é, pois só tenho acesso a ele quando estou de olhos fechados. Quando menos espero, lá estou, com corpo e espírito, nessa dimensão escondida.

Mas, definitivamente, trata-se de um lugar.

Tudo que me vem à memória agora são as paredes e a reverberação da minha voz se perdendo no quase-vácuo do espaço.

Quando menos espero, me pego apalpando memórias em busca de algo que faça sentido para todos e não só para mim. Vivo em função de compartilhar essas dádivas e demônios com aqueles que optaram por me ouvir. Vivo em função desses ouvidos. Tudo que faço é transportar as notas musicais desse lugar desconhecido para as vidas das pessoas, sejam elas quantas forem. A canção jamais se divide, só se multiplica.

Vivo de compartilhar. Vivo de beliscar o etéreo quando em estado de transe criativo. Vivo de realizar esses pequenos plágios da Sinfonia

de Tudo Que Há, que toca nas caixas de som-
-ambiente daquele lugar que só visitei de olhos
fechados.

Minhas músicas são tudo de que me lembro quando
volto de lá. Escrevê-las nada mais é do que
transcrever o que um dia ouvi no walkman da
memória.

POEIRA ESTELAR

_Eu não sei de onde você veio, mas sei que este plano físico é apenas mais um dos seus estágios, e eu posso muito bem vir a ser uma mera fase nesse jogo que sou tosco demais para entender. Me passam pela cabeça as mais absurdas hipóteses sobre os seus feitos nesses muitos lugares que desconheço, mas pensamentos vãos como esses se acabam quando vejo o que você faz aqui no meu peito toda vez que teu semblante de luz me queima as córneas: um estrago.

Quem sabe você não traz para mim na mochila um punhado de peças a cada visita, a fim de que eu monte sozinho a minha nave? Jamais para acompanhar teus passos como sentinela, mas sim para visitar tua mente em sonhos reais…

Um passeio nas estrelas, histórias para contar (e ninguém jamais acreditar) e pegadas de poeira cósmica no meu carpete: é tudo de que preciso.

E preciso para agora.

UM PASSEIO NAS ESTRELAS,
HISTÓRIAS PARA CONTAR
(E NINGUÉM JAMAIS ACREDITAR)
E PEGADAS DE POEIRA CÓSMICA
NO MEU CARPETE:
É TUDO DE QUE PRECISO.

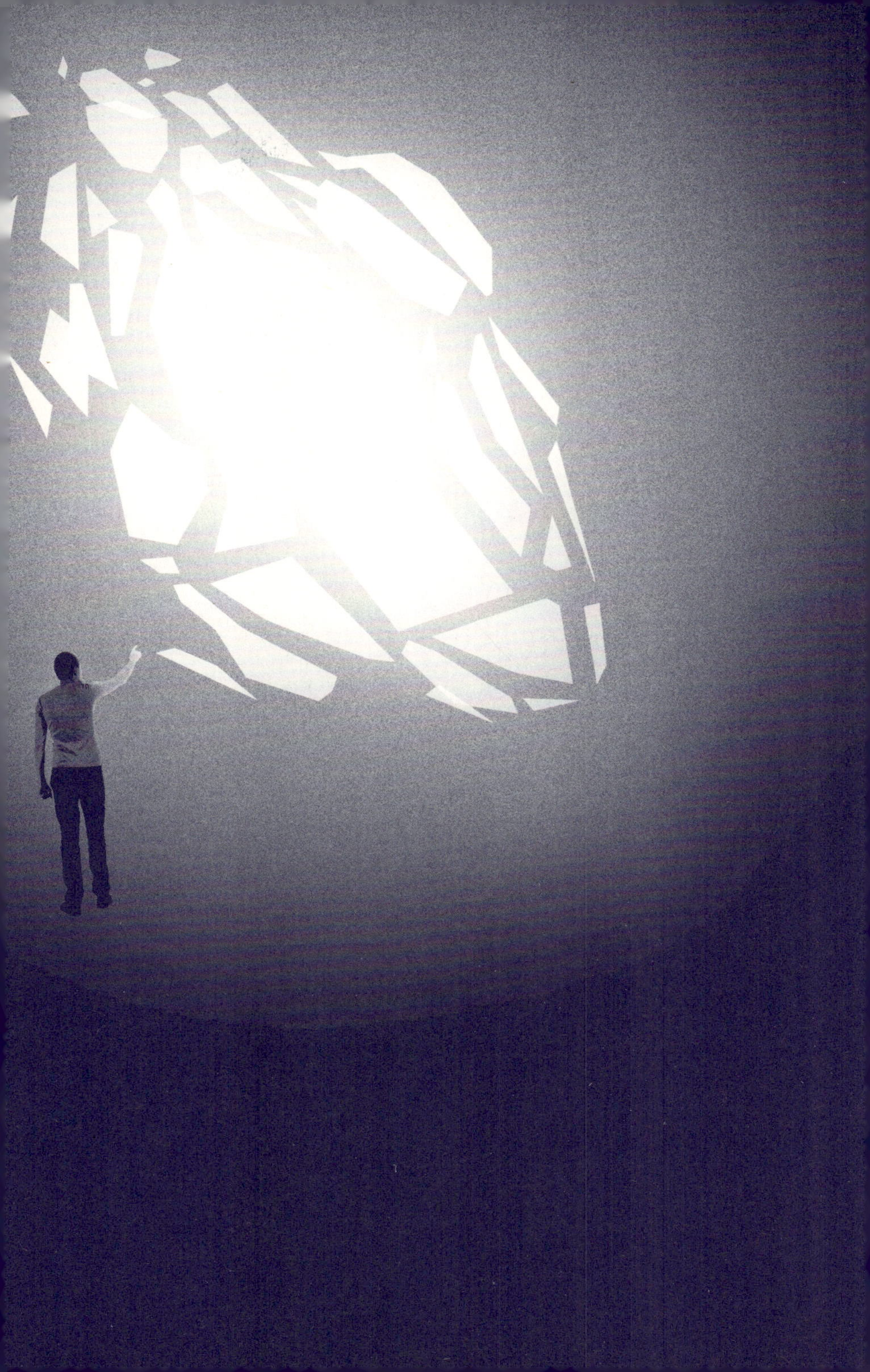

PINTURA ABSTRATA

_Tudo parecia uma enorme pintura abstrata em que nada acontecia, além do movimento de gente passando para olhar.

Eu, mero funcionário desse museu, cansado de olhar para ela enquanto passava com minha vassoura, decidi ficar ali, encarando aquela gravura, pelo maior tempo possível, buscando arranhar os limites do suportável. As pinceladas começaram a saltar perante minhas vistas. Suas cores eram tão vivas e contrastantes que pareciam lutar umas com as outras. As pinceladas eram firmes e, ao mesmo tempo, cuidadosamente calculadas para parecerem aleatórias. Feriam a tela. Eu tecia todo tipo de comentário a respeito daquela experiência, enquanto todos os outros apenas passavam desatentos, perguntando onde ficavam as pinturas e esculturas realistas.

Foi quando tudo clicou aqui dentro.

De real, basta o mundo. Eu quero é partir em busca do que é incógnito, improvável e aparentemente incorreto. Eu aprendi a encontrar sentido no abstrato: ele é tudo que eu quiser. A expertise em curar minhas feridas me transformou num ser capaz de encontrar sopros de vida em naturezas mortas.

O que é mais abstrato do que o amor? Ele não tem forma nem cor, mas é o que sempre me fez parar o coração. A gente busca incessantemente essa sensação de enfartar de amor, de senti-lo pulsando e estourando nossas veias, sujando teto, chão e paredes… Que outra coisa nos leva a isso? Há alguma coisa no mundo tátil, concreto, real capaz de suscitar tamanha transformação em nós?

O QUE MAIS JUSTIFICARIA TODAS AS LOUCURAS?

E todos os poemas, todas as músicas, toda a angústia e inspiração do mundo?

Só ele, o amor. A pintura abstrata que muita gente já não sabe mais apreciar.

Abaixo o real.

SOBRE LIBÉLULAS

_Um dia desses estava escorado na janela de um hotel qualquer quando uma libélula pousou a poucos centímetros do meu braço. Na hora, eu não sabia ao certo se aquilo era uma libélula, uma cigarra ou outro artrópode qualquer. Nunca soube, e os poucos segundos que perdi tentando classificar o bicho foram suficientes para que ele sumisse. Bateu asas e escafedeu-se entre as árvores.

Eu tenho uma ligação especial com libélulas. Foi correndo atrás de uma que eu me estabaquei no chão, fraturando costela, perfurando baço e sofrendo uma hemorragia interna que por pouco não me matou. Tinha cinco anos e, desde então, convivo com uma cicatriz que me atravessa o abdome de um lado a outro. Tudo que eu queria era vê-la de perto, justamente para me certificar se o bicho em questão era cigarra, libélula ou "seja-lá-o-que-fosse".

Se a necessidade de classificar um inseto me rendeu duas semanas de internação, imagino o que me aconteceria se eu ficasse tentando classificar meus sentimentos. Inclusive, me cansa ver por todo lado gente tentando diferenciar um sentimento do outro. Se é amor, ou qualquer uma de suas inumeráveis manifestações de diferentes

intensidades e características, pouco importa…
Não tenho a mínima ideia nem quero ter! São
inúmeras as tipificações de coisas que sentimos
pelas pessoas, e a tentativa de classificar a
todo minuto algo que é simplesmente inclassificável pode resultar em muito mais do que um
baço perfurado.

Às vezes, perdemos a noção de que cada minuto da nossa vida pode ser o derradeiro, de que cada ligação telefônica pode ser a última, bem como aquela pessoa, de quem você ainda não sabe se gosta, pode ser o seu último romance.

O AMOR É COMO UMA LIBÉLULA QUE POUSA NA NOSSA JANELA POUQUÍSSIMAS VEZES.

Viva o seu romance. Viva o seu último romance.

A NOITE
é o dia da alma

_Saudade não é o que a gente sente quando a pessoa vai embora. Seria muito simples acenar um "tchau" e contentar-se com as memórias, com o passado. Saudade não é ausência. É a presença, é tentar viver num presente que não existe mais, que se transfigurou em passado. É a cama ainda desarrumada, o par de copos ao lado da garrafa de vinho vazia, a escova de dentes ao lado da sua. Saudades são todas as coisas que estão lá para nos dizer que não, a pessoa não foi embora. A ausência ocupa espaço, ocupa tempo, ocupa a cabeça, por vezes até demais. E faz com que a gente invente coisas… levando-nos para tão próximo da total loucura quanto for possível para alguém em cujo prontuário se lê "sadio". A saudade faz a gente acreditar que realmente enlouquecemos. Saudade nos deixa de cama, mesmo quando não sentimos nada e estamos ocupados demais fazendo todas as coisas do mundo. Todas ao mesmo tempo. É o transtorno intermitente e perene de implorar por um pouco mais.

Saudade não é olhar para o lado e dizer "se foi". É olhar para o lado e perguntar "cadê?". Não é ausência, é presença. Presença de algo que não está mais lá.

O BAILE

_Toda máscara tem duas aberturas na área dos olhos, para que, mesmo quando privamos o mundo de ver nossa verdadeira face, consigamos ver a face do mundo. Com a idade, as pessoas vão, aos poucos, descobrindo que é tão cômodo, é tão mais seguro esconder a fisionomia, que passam a achar que não vale mesmo a pena um pouco de transparência.

No entanto, são justamente os olhos que desmentem as máscaras. Eles estão e estarão para sempre lá, descobertos. E eu, da mesma forma que você, mesmo vivendo num interminável baile de máscaras, já aprendi a olhar através da porcelana, a fitar os olhos tristes que estão logo acima do sorriso morto.

No entanto, o que eu enxergava era tão bonito que me parecia apenas a mais bela máscara do baile, uma plástica distração que me transformaria em joguete, hipnotizado pela face que ostentava dolorosa beleza. Até hoje apalpo teu rosto procurando emendas, desníveis, vestígios de cola ou encaixes bem-feitos, sem sucesso algum. Me deixei ser levado por tamanho encanto, e sigo flutuando em nuances de voz, sussurros inesperados e intrincados escritos.

Abriu-se uma roda. Somos o par que dança alegremente entre os mascarados, sentindo na pele do rosto a brisa de lança-perfume que faz parar o tempo. Sem máscaras.

APNEIA parte 1

_É quando esvazio meus pulmões que teu nome vem à minha cabeça. Mas seria muito fácil desviar meu corpo dessas poucas letras. Difícil é, a cada minuto, esbarrar em memórias, tropeçar em fotos e até, às vezes, prender-me às histórias por livre e espontânea vontade. Abrir os braços e alçar voo é muito mais doloroso quando eles ainda estão unidos por amarras. Descobri-me assim em plena queda livre rumo ao chão, quando meu relógio já marcava "tarde demais".

...é quando eu encho novamente meus pulmões que eu percebo que teu nome permanece em mim.

É só fechar meus olhos e te ver escrita em minhas pálpebras.

CHEGADAS e partidas

_Eu sou um aeroporto.

Na verdade, todos nós. Que outro lugar, se não um aeroporto, condensa sob o mesmo teto a alegria do encontro e a tristeza da despedida? Vejo pedaços de mim acima das nuvens, em logradouros distantes, em cidades inóspitas. Recebo, também, de todo lugar, pedaços do mundo que, como ímãs, agarram-se à minha pele, exibidos por onde passo.

Alguns aeroportos têm a pista embrenhada entre matas, encoberta por nuvens de chuva, radares desligados ou intencionalmente sabotados. E muita gente tem medo de avião.

Por medo das partidas, tem gente que não deixa ninguém chegar. São aeroportos fechados. No entanto, a gente só percebe o calor do abraço quando sente a dor de respirar o ar frio da solidão. Você brada aos céus toda sorte de impropérios, mas não percebe que voo nenhum te encontra no radar.

Eu sou um aeroporto. Chegadas e partidas são a única certeza na minha vida. Meus olhos estão virados para o futuro, focados na estrada que se coloca à minha frente. Encontro em mim, com igual facilidade, motivos para persistência ou para desistência.

E continuar para quê? — alguns podem perguntar.

CONTINUO COM A FORÇA DO QUE LEVO PARA A VIDA.

O saldo positivo disso tudo é a quantidade de aviões que acolho em meus hangares. Pedaços de histórias que conto para mim mesmo todo dia, enquanto ergo um tímido sorriso quase que instantâneo de realização.

E você, aeroporto em greve, está esperando o quê, olhando para cima?

SOUVENIR

_Souvenir (palavra francesa) s. m. 1. Lembrança. 2. Presente de amizade para servir de lembrança.

Eu procuro trazer um souvenir dos lugares por onde passo. Diria que, só de olhar para essas coisas — que, ao olho desatento, podem ser insignificantes — eu sinto como se existisse algo que me fizesse voltar para lá. É como se minhas andanças fossem marcadas por um enorme novelo de lã: sempre encontro o caminho de volta.

É assim com as pessoas também. Estamos constantemente expostos ao contato dos nossos semelhantes. Preço e tamanho do que levamos para casa são diretamente proporcionais ao significado que a gente atribuiu a esses encontros. Existem aqueles que deixam conosco apenas a mais perecível das memórias, um bilhete ilegível ou um regalo ordinário.

Fico feliz e abro um sorriso toda vez que olho para a minha prateleira e nela encontro as mais valiosas lembranças, das pessoas mais importantes com as quais tive a felicidade de conviver.

Me pego tentando adivinhar em quantas prateleiras estou. Será que tudo que eu deixei nesse mundo foi aquele chaveiro esquecido numa gaveta qualquer? Ou será que sou eu aquela estatueta que ocupa lugar de destaque na tua casa? Eu não quero passar perto, arranhar a superfície, bater de raspão. As pessoas podem viver perfeitamente sem aquelas coisas supérfluas, mas atribuem valor incalculável àquelas outras pelas quais nutrem afeto.

Nenhum ser humano é capaz de viver sem afeto. Se você acha que sim, pode fechar os olhos, pois você já morreu.

Eu quero que meu impacto nas pessoas seja sutil como a colisão de dois caminhões em sentidos opostos.

JÁ PASSOU DA HORA DE A GENTE DESCARRILAR TRENS, AFUNDAR BARCOS, TRAZER AO CHÃO OS AVIÕES.

Que a marca vire cicatriz, e que todos que passarem por mim a levem consigo em suas peles, mas que não haja dor. Que as explosões nos pulverizem em pequenos, mas importantes pedaços, incrustrados nos corações daqueles que cruzarem o nosso caminho.

Sejamos importantes, eternos e sem preço.

O QUINTAL DE CASA
e as quinas da mesa

_Eu já fui pequeno.

Lembro que minha mãe enrolava panos nas quinas da mesa da sala de jantar para que eu não batesse com a cabeça nelas. Me lembro de visitar lugares que hoje me parecem normais e de sentir-me ameaçado pela vastidão deles. Traçava linhas imaginárias que, uma vez transpostas, me colocariam ante o misterioso e convidativo território desconhecido. Dava medo, ao mesmo tempo em que era impossível resistir aos encantos dessa jornada exploratória.

Os lugares que eu visitei durante a infância hoje chegam a parecer claustrofóbicos em novas visitas. Eu cresci um bocado. As quinas não estão mais protegidas, muito menos está a minha cabeça, que trafega na velocidade do pensamento pelos mais sinuosos caminhos. No entanto, o conforto das linhas imaginárias, associado à inércia causada pelo medo do desconhecido, faz a gente parar de procurar. Medo de bater. Bater, às vezes, a gente bate. No entanto, os anos passam, e pouca coisa muda, além de uns pelos perdidos no peito e uma barba que tenta denotar maturidade.

É um choro ligeiro, um curativo e, após isso, apenas mais um lugar para a gente tomar cuidado da próxima vez.

A gente precisa trafegar no território desconhecido para aprender que ele é tão previsível quanto o quintal de casa. A única certeza é a de que a próxima esquina pode guardar, sim, aquilo que a gente mais procura.

E AQUILO QUE A GENTE MAIS PROCURA JAMAIS ESTARÁ EM NOSSO QUINTAL.

Das duas, uma: ou está na rua ou em outros quintais. Então a gente corre, entra sem bater, por vezes até invade propriedade alheia. Só não podemos esquecer que as quinas estarão sempre lá, sem panos enrolados.

Na época eu não sabia, mas desconfiava: um dia eu seria maior do que as paredes do quintal de casa.

E foi bem longe dele que eu encontrei o que procurava.

O EQUILÍBRIO
na agulha

_Eu já caí, de tanto olhar para o céu. O que me protegeu de espalhar o conteúdo de minha cabeça pelo meio-fio da calçada foi o fato de eu sempre andar no meio da rua. Os carros que vêm na minha direção não passam de velozes e barulhentos fantasmas que meus inimigos vivem inventando para me testar. Eles conhecem meus medos melhor do que eu.

Eu já me perdi de tanto olhar para os lados. O que me fez chegar aonde estou foi a companhia das pessoas que me são mais importantes, jamais permitindo que eu entalhasse na areia pegadas solitárias. Encontrei caminho e refúgio nas esquinas que a multidão esqueceu de ver, enquanto tentava trazer o horizonte para mais perto. O tempo passa sozinho, e não há nada que possamos fazer para assumir o controle.

Eu já petrifiquei minhas pernas, de tanto viver o passado. Minhas amarras foram soltas pelo súbito empurrão que o mundo me deu. Me doem os pés, dor essa que ignoro toda vez que minhas solas encontram novo chão. Os fantasmas de repente somem, e a estrada dos meus dias se desenrola em minha frente como um tapete macio. Basta que haja equilíbrio. E esse equilíbrio não se dá de olhos fechados, muito menos se olhando por onde anda.

Hoje enxergo a caminhada da vida como o equilíbrio na agulha. Qualquer passo descuidado trará o chão para um brusco encontro com minha face distraída. Não sei o meu próximo passo, mas vivo meus dias e noites em função de fazer com que os meus pés toquem sempre o caminho que eu construí, por mais perigoso que possa parecer.

A gente faz o nosso caminho, e é normal que ele seja estreito e sinuoso.

NÃO SE CONSEGUE ANDAR EM LINHA RETA POR MUITO TEMPO.

A não ser que se ande muito, mas muito rápido. E quando nos damos conta: fim da estrada.

SAUDADE NÃO É AUSÊNCIA, É PRESENÇA. PRESENÇA DE ALGO QUE NÃO ESTÁ MAIS LÁ.

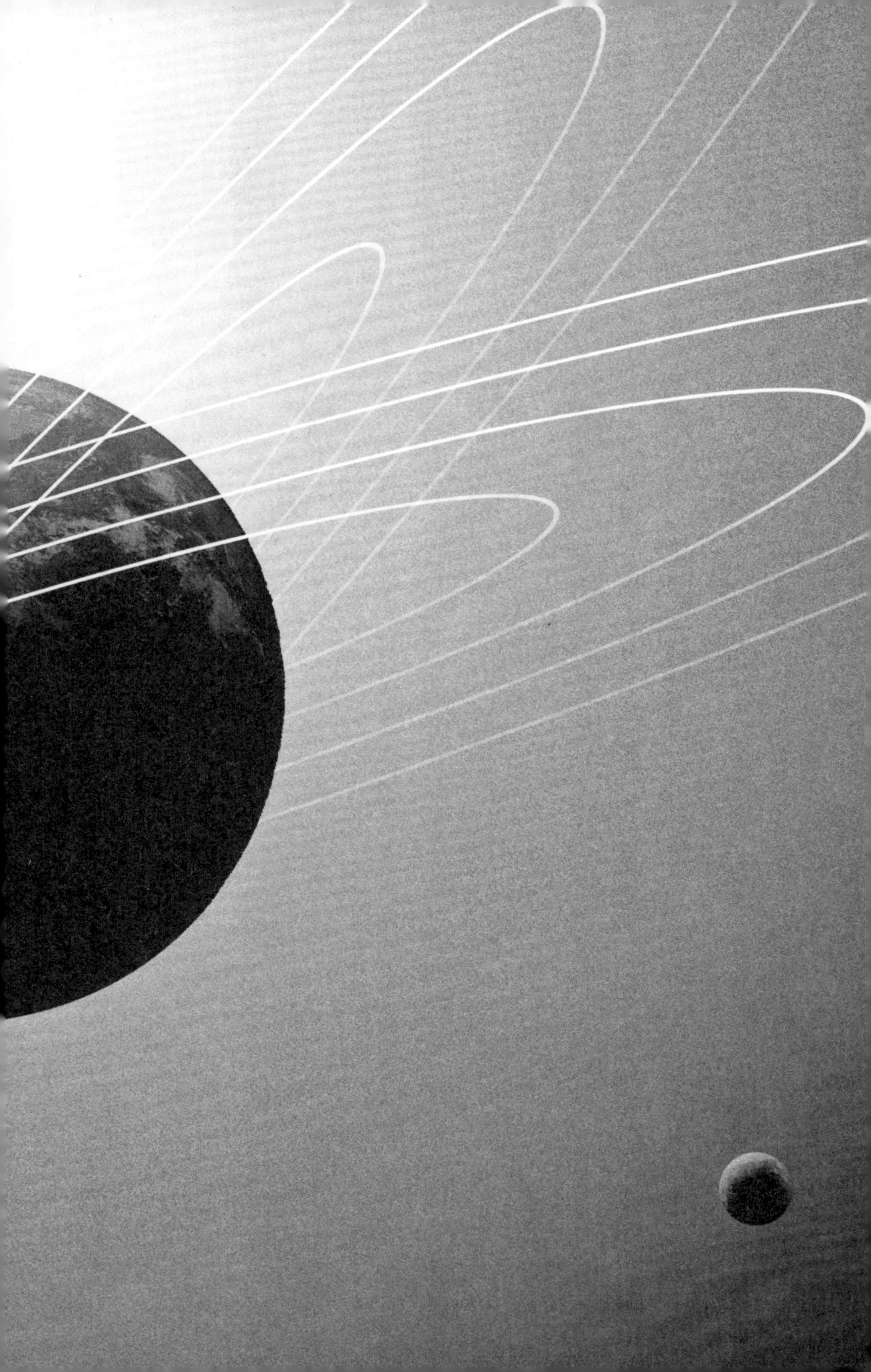

PÉS MOLHADOS

_É muito difícil medir o tamanho do nosso pulo antes de encontrar a poça d'água. E a gente, não importa o tamanho da galocha, acaba sempre fugindo desses obstáculos, por medo de quê? De molhar a barra da calça?

Mas por que, ao mesmo tempo em que fugimos do que não nos fere, acabamos nos jogando, despidos de qualquer armadura, aos leões? A resposta muda de tempos em tempos na minha cabeça. Por mais que a gente negue, a gente tem umas poucas certezas. O resto é todo dúvidas, mas a gente tem que ter essas certezas. Poucas e importantes certezas.

Por qualquer ótica que observemos, o passado é insignificante. Isso é uma certeza. Sim, ele é o espelho da nossa história e conta muito sobre o que somos. Mas o que eu sou depende muito mais do que eu estou fazendo agora do que das coisas que eu fiz. Nós temos o poder de mudar, a qualquer momento da nossa existência, para melhor ou para pior. A única coisa que importa é o futuro, que nada mais é do que uma página em branco que a gente pode preencher com as tintas que bem entendermos. Tirando das costas o fardo do passado, encontramos nos nossos pés a leveza necessária para saltos no futuro, cada vez mais altos, arriscados, excitantes e, sim — por que não? — felizes. O presente nada mais é do que o momento em que passado e futuro se beijam. Esse encontro de lábios dura um tempo ínfimo, intangível, mas é suficiente para transformar o agora em história. E como é a minha história? O que eu quero ter para contar?

A gente pode e deve ser maior. Basta que a gente queira. E querer não é poder, como as pessoas dizem por aí.

**QUERER É FAZER.
FAZER NÃO É NADA FÁCIL.**

Existem momentos na vida em que a gente precisa ser mais forte do que acha que pode, mais inteligente do que acha que é e mais nobre do que acha que consegue. E como? Querendo. E, quando a gente quer demais uma coisa, a gente é capaz de feitos que a nossa mente nem consegue conceber. A gente acaba esquecendo as poças d'água, canalizando toda a nossa força para o embate inevitável com os predadores que a vida coloca na nossa frente. E são muitos.

Os sonhos são objetivos que a gente batiza desse jeito apenas para que pareçam inatingíveis. E o nosso salto pode ser de qualquer tamanho. Basta que a gente perca o medo de molhar os pés.

A ENCOMENDA

_Todos os nossos pensamentos e atitudes são como uma encomenda anônima que a gente faz para o destino. Inconscientemente, queremos que nossas ações desencadeiem acontecimentos cujo roteiro já foi definido na nossa cabeça. No entanto, antes dos dez anos a gente aprende: não é assim.

A gente costuma achar que o mundo inteiro pensa da mesma forma que a gente. Queremos achar isso. A gente costuma achar que somos amados pelos mesmos motivos pelos quais amamos. Mas, se as rosas que jogamos ao vento atingem as pessoas como flechas, de quem é a culpa?

Por essas e outras é que pessoas vivem doentes, na incessante busca pelos cem por cento de satisfação. A gente apelida essa utopia de "amor perfeito", de "amor de verdade" e de inúmeras coisas, como se o amor — puro e simples — não fosse o bastante. E o amor — simples, sem adereços — já é tão complexo, tão raro, que muitos que conheço se aproximam dos trinta sem saber o que é.

A gente ama e, inconscientemente, encomenda um amor igual. O que nos bate à porta não é menor, não é pior, é diferente, randômico, é surpresa. É o amor que outro alguém construiu, esperando receber em troca um espelho do que sentia.

DAS COISAS que me fogem ao controle

_Me foi pedido o número do telefone. Quem me ligaria seria a dona de uma voz já conhecida, mas que há muito não ouvia. O telefone tocou e, antes que vibrasse pela segunda vez, saquei-o. Lá estava eu, do alto dos meus vinte e seis, perdendo totalmente o controle, de novo.

Será que existe algo mais emocional do que agarrar-se à razão por medo de errar novamente? E o que é mais racional do que permitir que essa emoção guie cada um dos nossos passos? Às vezes são tão altas as vozes de fora que a gente acaba não ouvindo o peito gritando. O meu peito é que gritou alto demais, calando as vozes de fora, numa epifania. Um surto de compreensão súbita. Era como se houvesse a tua imagem estampada em tudo que vejo. E aquela presença permanente no meu pensamento me fez percorrer a extenuante e perigosa trilha que me leva ao teu encontro.

SERÁ QUE EXISTE BURRICE MAIOR DO QUE SABER TODAS AS RESPOSTAS?

E sabedoria maior que a capacidade de se deixar enganar? A gente pensa que, com o passar do tempo, aprendemos a pular as rasteiras que nos são passadas. Digo, por experiência própria, que existem tombos que eu adoraria tomar de novo. Me via novamente ansioso. Tão ansioso que passei a olhar para os lados, sempre achando ser a tua voz qualquer ruído que me golpeasse os tímpanos. As vezes em que acertei são minoria, mas eu aprendi demais, justamente por errar demais.

Os minutos que a gente tem juntos viram dias e semanas na minha câmera lenta, dentro da minha cabeça, toda vez que o elevador desce contigo dentro. Meu coração está vazio, sem mobília. Mas tudo que eu preciso agora é de espaço para te construir dentro do meu peito, com as poucas peças que tenho em mãos.

Com quem estou ao telefone? Com a saudade, que há muito não vejo. Ela está chegando, e não parece ter planos de ir embora tão cedo. Eu aguento. Basta fechar os olhos e dar play numas poucas horas de filme e uma mísera foto sem resolução no meu celular. Cá estou eu, do alto do meu sexto andar, perdendo o controle, de novo.

Tudo acontecia devagar. Tudo que ela fazia parecia, aos meus olhos, acontecer em câmera lenta. Como se fizéssemos amor debaixo d'água.

Nada mudou: continua tudo mudando a todo minuto.

A BÊNÇÃO DO NOVO

_A gente acha que, por já ter jogado uma ou duas vezes, pega experiência. Ledo engano.

Mais uma cidade. Novo ar. Uma casa nova, no mesmo lugar.

No entanto, acumulam-se teias de aranha naqueles cantos da nossa alma que a gente tem medo de mexer. Sempre tive medo de mudar a ponto de não me reconhecer em escritos antigos e espelhos empoeirados. Então eu volto ao estado inicial, aquele de anos atrás. Mas o jogo é outro, mais difícil, imprevisível e com uma aposta mínima que a gente simplesmente não tem como pagar. A gente se sente compelido a "vencer". É o mundo ensinando a gente que ainda não deixamos de ser os adolescentes cheios de dúvidas que éramos. A diferença é que somos maiores que outrora, e em nossas cabeças há ainda mais espaço para mais questionamentos. Quanto mais claro fica para mim a noção do que é certo, mais meus pés apontam para o obscuro caminho do absolutamente desconhecido. É hora de abraçar a nossa Sombra.

Não posso dizer que não gosto. Mas também não direi que tem sido simples. Mas o que é simples aos vinte-e-tantos anos?

A gente se sente velho demais para jogar tudo para cima e fugir. A gente se vê jovem demais para dar o próximo passo sem olhar para trás. Então a gente fecha os olhos e caminha até cair. A cada vez que erguemos nosso corpo, detectamos nos nossos pés descalços a textura de um novo chão, na pele o toque de um vento que vem de outro lugar e que traz consigo outros aromas.

Um desses aromas, em especial, me capturou o olfato, prendendo-me numa não intencional caçada desarmada. É o momento em que estou entregue ao destino, nu na penumbra, e meu peito pode ser perfurado pela mais insignificante flecha de papel.

E ela me acertou em cheio.

É sua aquela silhueta turva dois quarteirões adiante? Por que sozinha? Seria apenas criação da minha cabeça confusa, esvaída em sangue?

Tenho acordado de sonho nenhum, tenho dormido apenas para ver se paro de sonhar.

E é tão real, o pesadelo de perder o discernimento para sempre.

Mais uma cidade. Novo ar. Uma casa nova, no mesmo lugar.

O QUE EU APRENDI COM O AMOR? PALAVRÕES NOVOS.

SÍNDROME DO F5

_Existe uma estrada sob meus pés. Ela termina toda vez que chego à minha casa, tarde da noite. O que vejo após a derradeira parada é o fim desse chão. Se eu prosseguir, ignorando quaisquer placas de sinalização e advertências verbais de amigos, sou engolido por esse infinito precipício.

E eu não paro.

A queda, até o momento, não parece ruim, embora me incomode não saber quando chocarei contra o chão. Sinto que jamais estarei preparado.

O ar? O que temos aqui é vácuo. Utilizei todo ele na tentativa de gritar. Ninguém ouve. Não daqui, de onde estou. A sensação é de se estar suspenso no espaço, e não faz diferença a direção do meu voo, apenas a certeza do impacto. Eu poderia ter escolhido ficar sentado à borda do penhasco, observando todos os que, caminhando ao meu lado, decidiram encerrar ali suas jornadas. Mas eu desobedeço à convenção. E, uma vez sem ar, resta a mim conferir se me calarei com o impacto ou por apneia.

E eu não paro.

Quem tentou me seguir ficou pelo caminho, por medo de um ou outro precipício.

Às vezes acho que me fizeram capaz de sentir demais. E emanar demais o que é sentido, inclusive quando não faz sentido. E isso assusta, afugenta, por chamar atenção demais. Meus pensamentos são como um farol que não consegue se esconder na praia deserta. Ele sempre estará lá, ao alcance dos teus olhos, te impedindo de naufragar em mim.

E NÃO HÁ FAROLEIRO DISPOSTO A ME APAGAR.

Só queria, por meia hora que fosse, me ver diluído no horizonte de uma noite qualquer. Uma dessas em que tu vagas por aí sozinha, trocando pernas, balbuciando impropérios ao vento. E ter o que eu sinto invisível aos teus olhos. Por meia hora que fosse, te fazer me querer sentir na meia hora seguinte.

Essa intensidade indesejada de sentimentos atribui imenso valor até mesmo ao mais insuspeito dos teus sinais. E isso, às vezes, torna-se tão pesado a ponto de me fazer preferir a sensação de ausência à falsa-segurança da terra firme. Meus joelhos doem, guria, e é por essas e outras é que me atrai tanto o ensurdecedor silêncio do vento frio me cortando a pele. Pelo menos, enquanto caio, tenho certeza de que não me ouves.

Quase sempre eu penso que deveria parar de agir assim.

E eu não paro.

ALGUMAS CANÇÕES

_Costumo pensar que uma música tem cerca de trinta segundos para capturar a atenção dos ouvidos. É, normalmente, o tempo que a gente se permite escutar algo totalmente novo, antes de se entediar, passando para a próxima faixa. É costumeiro eu ir passando um disco inteiro, ouvindo os primeiros segundos de cada música, até achar uma que me encante, me arrebate com veemência.

Havia canções cujos refrões me cansavam. Refrões que eu não quero e não vou repetir. É que, certas vezes, a outra parte não percebe o quão prejudicial para a alma é ser lembrado a cada minuto dos nossos defeitos. São refrões que eu prometi para mim mesmo não mais cantar. "E desde quando você acha que pode saber mais de mim do que eu?" - é o que tenho cantado. Próxima faixa.

Tenho ouvido introduções marcantes. Mas as pontes, os pré-refrões, de tão empolgantes, têm gerado apenas frustração, pois invariavelmente tenho me deparado com estribilhos difíceis ou incompreensíveis. Versos demais, rimas demais, notas difíceis de se alcançar, muitas delas feitas para não serem cantadas ou tocadas por ninguém. Se você esperar demais do mundo, das pessoas ao redor, só resta uma certeza: decepção, implacável e impetuosa. Eu quero assoviar uma melodia que me lembre de alguém, mas eu não sei nem assoviar. Próxima. Próxima. Próxima.

Um dia desses, eis que me invade os fones uma melodia nova. Eu jamais poderia dizer o próximo acorde que viria, pois tudo se desdobrava nos mais intrincados trechos, novas partes, em andamentos diferentes, mudando a cada maldito compasso. Em versão resumida: não consegui te decorar, não sei te tocar, e me pergunto algumas vezes por dia quando é que vou ouvir novamente essa canção que se perdeu de mim no modo shuffle.

A MÚSICA ESTAVA NO AR O TEMPO TODO.

Eu é que estava usando fones.

Passei o tempo todo despejando notas na tua melodia. Agora deixa de cantar.

Gostei de ti assim, instrumental.

GUERRA
(e escavações torácicas)

_Cada pessoa lida com os acontecimentos do seu jeito. Isso me fascina. Isso me assusta também. Tem gente que é de guerra, gente de paz, e ainda há aqueles que preferem manter-se alheios a tudo que se passa ao seu redor.

Certo dia olhei para os meus pés e vi que não mais havia âncoras presas aos meus tornozelos. Noutro dia estava em outro mar, depois em outro, em outro... Me acostumei a apenas assistir de longe à segurança da terra firme. Ela já não me atraía mais. Seria essa a vida que eu sempre procurei? Aí reside o cerne da questão. A vida que eu sempre procurei é, justamente, viver procurando. É eternamente cavar fundo até encontrar, em peito alheio, um coração parecido com o meu.

Tenho desistido da ideia de eterna felicidade. Os momentos que a gente chama de bons momentos só são chamados assim porque existem também aqueles que queremos esquecer. Bons momentos são bombas de endorfina que amolecem os espinhos que nos insistem em perfurar a pele mais fina, principalmente quando estamos despidos de armaduras. Tendo isso em mente, faço o que está ao meu alcance para que esses momentos sejam numerosos, visto que eles jamais serão duradouros. A endorfina vicia.

A existência da felicidade eterna se prova impossível na prática. Sua ilusão, muitas vezes propalada por gente de alma triste que não sabe que forma dar às suas angústias, nada mais é que uma foto das últimas férias, sobreposta por algum filtro nostálgico de eterno verão. Forjada com o calor de lágrimas suprimidas, a falsa-felicidade se derrete com a chegada do primeiro sinal do amanhecer.

"Como é que você pretende lidar com isso tudo?" Conheço mil formas de se proceder. Nessa constante mudança de mares, tenho fugido para cada vez mais longe da fumaça dessas explosões. Hoje, distante a ponto de te ver como um minúsculo ponto próximo à curva do horizonte, encontro-me às portas de uma nova vida, aquela vida que eu sempre procurei: a busca. A memória recente de uma longilínea silhueta ornada pelos iluminados prédios da metrópole, mesmo sendo fruto de um mero retrato imaginário e possivelmente efêmero, tem me guiado para longe da tua guerra.

E PARA CADA VEZ MAIS LONGE DA TERRA FIRME.

Aqui a água é fria, e a hipotermia me força a dar braçadas cada vez mais convictas, em sentido oposto ao dos teus passos.

As baixas que a nossa guerra fria estampa nos jornais são justamente os sentimentos bons, os sorrisos verdadeiros e as memórias que valiam a pena ser guardadas.

Mortos um a um, restam apenas os feridos: eu e você.

OUTRAS CANÇÕES

_Lembro-me de uma fixação latente por mãos. Talvez ela nem saiba que tem mãos ansiosas. Ela não quer saber de uma porção de coisas. Talvez saiba demais. Talvez eu a tenha deixado saber demais. De boca fechada, meus olhos gritam mais alto que o barulho da tevê que ilumina o quarto. Lembro-me de fechá-los por vontade própria, a fim de que ela não me visse despido de tudo que eu crio para ela não prestar muita atenção em mim.

Distrações. Uma grande orquestra tocando uma pequena canção. Detalhes singelos que ganham proporções quase épicas. As mãos ansiosas. Lembro de jogar pedras naquela janela para, quem sabe, enxergar através das brechas algo que me mostre que eu não sou o único perdendo a razão aqui, nesse sofá. Sinto que somos dois carrosséis girando em sentidos opostos. Eu não quero saber o que acontece quando estamos de costas um para o outro.

Há pouco estávamos aqui, enxergando um ao outro de uma distância que pode ser medida com os dedos de uma mão. Em meu carpete, marcas de sapatos que viajaram o universo procurando sentir algo novo, algo maior. E eu senti tudo aqui, quieto. Fechava os olhos sempre que sentia os meus pensamentos tentando saltar através das pálpebras. Tive medo de vê-los derramados pelos lençóis, de vê-la olhando atônita para aquilo tudo, como se não fosse capaz de ouvir os meus olhos gritando.

Já tive sentimentos imensuráveis. Imensurável também era tudo que vinha agregado ao fato de sentir algo que não cabe no peito. A orquestra foi perdendo, aos poucos, seus membros mais importantes, até que o desfalque era tamanho que me feria os ouvidos. Uma desafinada sinfonia, sem melodia nem cadência, conduzida por um maestro que não está mais lá. Hoje minha filarmônica ensaia um movimento diferente, que eu tento chamar de distração. Uma grande orquestra tocando uma pequena canção.

E a música dela é nova, é rara, curta, quase nunca toca no meu gramofone. Mas é no mesmo tom da minha. Ela parece não saber que cada nota ficou na minha cabeça, como uma partitura escrita pelas paredes da minha casa. Ela parece não querer saber. Mas cá estou eu, sempre falando um pouco demais.

Quem te escreveu assim?

COMO ESTÁ O SEU ROMANCE?

_Diálogo 1:

"Como é que tu tá?"

Vai ver alguém hoje à noite?

Saiba que não estou aqui para levantar o tom, nem o volume da voz. Já o fiz por tantas vezes que hoje digo para mim mesmo: "não mais". Não temos mais nada em jogo aqui. Já me ocupam cada centímetro do peito os mesmos sentimentos que eu vivia na ocasião em que te conheci. Sinto-os como se fossem inteiramente novos. A circunstância é outra, a pessoa é outra, e até o próprio sentimento assume diferentes formas. Mas ele me estufa o tórax com tal força que eu me sinto impelido a cuspir tudo fora, sem foco ou direção.

EU TENHO MINHAS CONVICÇÕES. OU MELHOR, TINHA.

Quanto mais a vida avança, mais eu vou me acostumando a conjugar tudo no pretérito. É assim que te conjugo hoje. Olhar para trás e contrariar todas as convicções que pareciam gravadas em pedra pode ser dolorido. Como em todas as vezes que assumimos nossos próprios erros.

Estou passando por cima de muitas convicções aqui. Estou quebrando uma porção de paradigmas que inventei para me proteger de pessoas como você também.

Mas quem sou eu para me contrariar?

Eu queria saltar de um avião e abrir o paraquedas somente no último milésimo de segundo que me separaria da eternidade.

Mas aí alguém me chamou para planar.

Diálogo 2:

"Como é que tu tá?"

Eu quero te ver hoje à noite.

E eu não estou aqui para ser mais um capítulo insignificante no teu livro de contos. Já passeei por tantos livros mal escritos que hoje me encarei no espelho antes de te ligar, dizendo: "não mais". O nada que existe entre nós é tão perturbador que tenho medo de imaginar o que existe em jogo aqui. A folha está em branco. Essa relação disforme pode ter o significado que tiver, mas vai ser sempre superlativa em vários aspectos. Cabe a mim administrar na cabeça a responsabilidade de ter todas as fichas apostadas, sempre. Cabe a ti pegar na minha mão e jogar os dados.

O sentimento que eu pulverizo em forma de palavra escrita abre espaço no meu peito para o que é novo. Me pego falando sozinho, perguntando para mim mesmo até quando eu consigo sustentar por debaixo da minha cara sisuda o sorriso que me rasga a face de fora a fora. Talvez se eu te mostrasse tudo, tu passarias por cima de mais umas convicções. O caminho é agridoce e começa debaixo desses lençóis dos quais a gente hesita tanto em sair.

Como está o meu romance? Planando como o teu e procurando ventos novos para jamais colocar os pés no chão novamente.

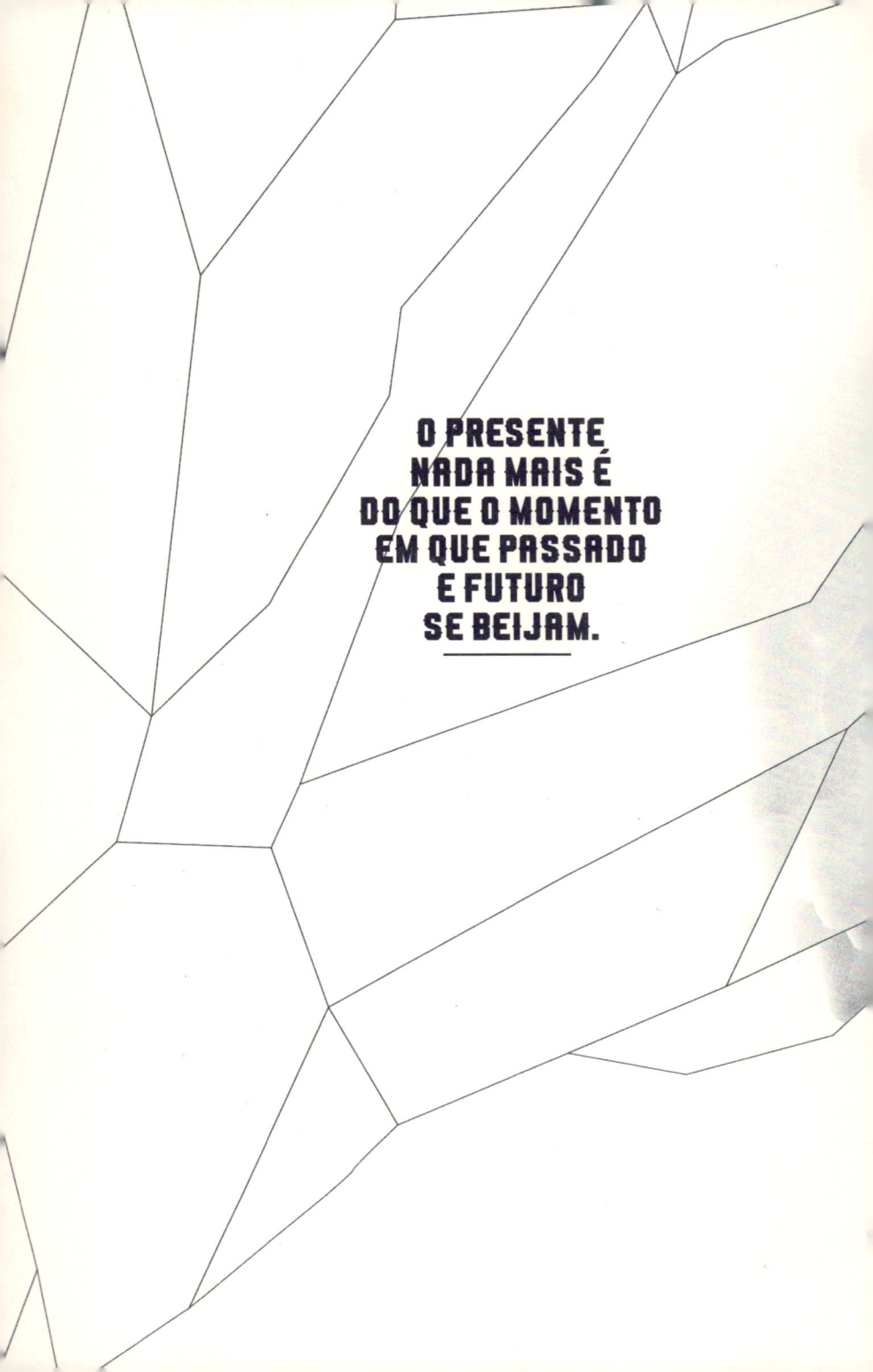

O PRESENTE
NADA MAIS É
DO QUE O MOMENTO
EM QUE PASSADO
E FUTURO
SE BEIJAM.

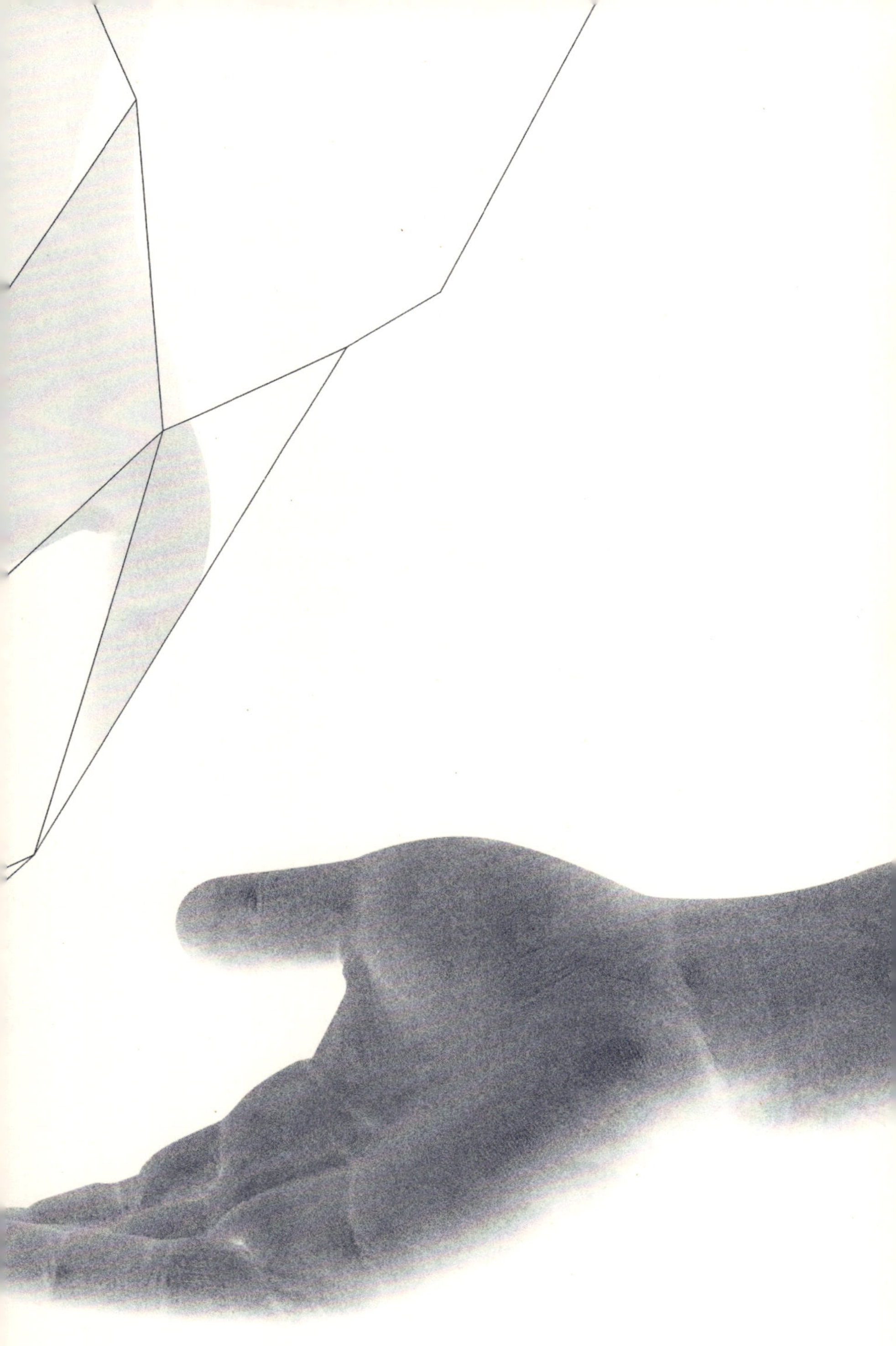

NÃO TÃO TRÁGICO

_A fumaça que sai dos carros entrelaçados dessa esquina da minha vida promete mais do que o espetáculo cumpre: já assisti a eventos piores. Os motoristas há tempos já tiveram alta em seus hospitais. Exibo em meu torso parcos arranhões que acidentam o toque da pele, mas essa brusca interrupção de movimento acabou por me privar apenas daquelas preocupações bestas de outrora, que me tiravam o foco e entortavam o caminho. O caminho segue errante e irregular, mas dessa vez os passos são só meus. Sim, estou livre.

No entanto, essa mesma liberdade acaba nos amarrando a uma intensa e incessante necessidade de ter antigas sensações. Quando menos percebemos, já estamos novamente atando o nó do nosso barco em algum outro cais. De novo?

Isso é normal.

Em algum determinado grau, somos meros neurônios de um corpo imensamente maior, esperando por uma faísca que nos conecte. Afirmo que estamos sempre, mesmo que imperceptivelmente, procurando a conexão. Está na nossa natureza. É instintivo dividir sensações, compartilhar momentos, comungar histórias com outras pessoas. O único período em que sentimos dor é o momento em que estamos no vácuo de uma transição de histórias. A última página do capítulo parece pesar uma tonelada, às vezes, mas ela precisa ser virada a qualquer custo, e outro par de mãos pode ajudar nessa tarefa. Uma vez novamente ligados, a dor se dissipa como a fumaça que esconde as ferragens do acidente. Estamos respirando e evoluindo.

A gente sai de cena com as roupas rasgadas, os bolsos vazios e a mente confusa, sem saber como fomos parar ali.

MAS E SE PUDÉSSEMOS JOGAR TODOS OS LIVROS FORA E CARREGAR CONOSCO APENAS A PÁGINA DO AGORA?

É tão comum a gente se apegar ao passado e viver numa réplica dele, na ilusão de que estamos andando para a frente… No entanto, se tivéssemos realmente sido felizes no processo, jamais teríamos mudado. Então a gente muda. Mas o problema é que a gente muda sentindo medo demais. A gente navega perto da costa, esquecendo-se de que poderia ser bom perder o horizonte, seguir a vontade da corrente e atracar na próxima ilha. Por mais que ela demore a surgir no infinito, ela é nova, e a gente chegou lá sem bússola.

Antes de ligar para a emergência, esperei para ver através da fumaça o que realmente acontecera. Um acidente, embora não tão trágico. O trânsito voltou ao normal, e eu voltei para casa, graças a uma carona que eu queria que tivesse durado alguns minutos a mais.

Só me lembro daquele rosto multiplicado em mil ângulos e uma orquestra de passados aos quais não volto através do vidro quebrado.

MORFINA

_Quando lutamos contra nós mesmos, somos os únicos a colecionar feridas. Até que ponto vale a pena ater-se ao caminho da menor dor, do baixo risco e do conforto calculado? Você grita para si mesmo com tanta força essa mentira que acaba por não ouvir o peito clamando por um segundo de atenção. Mas eu consigo ouvi-lo, quando ele encosta no meu, e sigo aguardando o dia em que a tua garganta, de tão rouca, deixe chegar aos teus ouvidos o que para mim fica claro toda vez que teus olhos fecham antes dos meus: é recíproco.

Eu poderia dizer que fui acometido por uma abstinência de sensações às quais já estava acostumado. É o que você sempre diz, mas eu ainda não me acostumei a você. Por isso que eu sempre volto, mesmo quando a minha autoestima implora para que eu espere por um sinal teu. Teus sinais foram dados; nós é que falamos línguas diferentes quando o assunto é sentir e expressar.

Eu poderia dizer o que já repeti em refrões antigos: que sou "alguém para ocupar o lugar / de quem não vai voltar". São palavras que me saltam da língua e param nos dentes, sempre que sinto medo de que você confirme a minha hipótese. Então eu sigo o teu conselho de me ater apenas às tuas ações. E assim eu sigo, tirando da tua boca frases impensáveis, do teu peito, o calor que eu preciso e, da tua vida, tudo que vai de encontro aos teus planos de não me deixar entrar. Aluguei um espaço no teu pensamento e me sinto confortável aqui, embora nada me garanta que eu não possa ser despejado.

A vida ensina, a gente aprende. No entanto, isso não quer dizer que não devamos, às vezes, desobedecer às leis que nós mesmos criamos. Cansei de lutar contra mim mesmo, pois já me cobrem o corpo feridas em diferentes fases de cicatrização. Aqui estou, pronto para me aplicar com mais algumas doses cavalares de você se assim me permitir. E eu já não mais vivo sem essa morfina que eu batizei com o teu nome.

O ROMANCE EM APUROS....

_Toda vez que escrevo menos é porque estou vivendo um pouco mais, ou de forma tão intensa que o tremor de minhas mãos transformaria o fluxo da tinta em incompreensíveis rabiscos. A literatura de meus dias perdeu seu caráter de microconto. Virou romance que não mais se capitula em poucos parágrafos. Muitas vezes abandonei em branco o texto, pois olhava, míope, para dentro de mim e nada via senão o nebuloso vulto da ulceração que ainda gritava em vermelho. Precisava encontrar um caminho para a superfície, mas no fundo daquele poço encontrei um par de lentes.

O romance nos desafia a convicção, por vezes tira a paciência e pode até nos subtrair alguns anos da vida, mas quando é que alguém, por um segundo que fosse, cogitou — a sério — viver sem ele? Nossas aspirações vão, cada vez mais, aproximando-se da realidade; a gente passa a prometer menos, mentir menos, e chega até a achar que, dessa vez, erraremos menos, por julgarmos saber onde escondem-se todas as bombas desse campo minado. Nem preciso lembrar que a única certeza no romance é a de se estar eternamente em apuros, saracoteando as pernas para não se deixar afundar totalmente no obscuro e indecifrável oceano que é a vida daquela pessoa com a qual estamos de mãos dadas.

Em apuros pois é perigoso. É perigoso porque a gente arrisca. E a gente arrisca porque quer. Ninguém nos obriga a viver o amor, mas a gente ama vivê-lo. Ninguém nos obriga a sentir as mesmas dores de novo, mas a gente se quebra em mil pedaços para sentir o prazer da cura. A gente acha que pode viver sem, mas as palavras soluçadas no fim de uma noite ébria evidenciam o que, para todos ao nosso redor, já era óbvio: estamos fodidos.

**EM APUROS NÃO ESTOU SÓ EU.
ESTAMOS TODOS NÓS.**

Romance é isso que se persegue pelas esquinas, que foge à luz dos postes, e ele está bem. Em perigo estamos nós, nesse apuro que consiste na nossa urgência em vivê-lo. Vivê-lo, mesmo que torto, inacabado, ferido, precipitado, errado, proibido ou impossível. Vivê-lo de verdade, com intensidade e sem escudos. Como deve ser, e como inevitavelmente é, quando nosso coração nos dá aquela única e inescapável rasteira que nos faz quicar no chão.

Viver o romance é estar em apuros.

Estou vivendo, e não quero ser salvo.

...SEGUE EM APUROS

_E foi falhando na tentativa de salvar o romance de seu eterno apuro que me descobri inapto a viver com a cabeça leve. Quanto mais fundo cavamos em busca de significados perdidos, mais difícil e utópica se torna a nossa volta para a superfície. O podre se apega a nós, nos persegue, nos tira a razão, e a infinita corrida em direção à luz nos faz perceber em profundidade que estamos todos — sem exceção — perdidos como náufragos ao mar. E a luz, sempre à frente, inalcançável, guiando-nos pelo seu trajeto torto e cheio de armadilhas.

Felizes os ingênuos, os burros e os filhos da puta.

Percebo o peso da idade quando sinto em minha mente a presença de cada vez mais pensamentos aos quais eu não posso — ou não consigo — dar vazão. Com muito treino, forçado ou não, a gente aprende a transformar pensamentos em parágrafos com alguma precisão, mas esse artesanato leva tempo, é cansativo e, certas vezes, quando finalmente deglutimos um assunto, já somos atropelados pela urgência de uma vida que somos obrigados a viver, do abrir ao pregar dos olhos. A vida passa fulminante enquanto escrevemos sentindo e avaliando o peso de cada palavra. Incapazes de expressar mazelas e exorcizar demônios criados por nós mesmos, adoecemos em lenta morte, infeccionados pelos nossos próprios defeitos.

Escrever foi o que me impediu de fechar os olhos a essa luz. Esbravejar por escrito — mesmo que para destinatários que desconheço — é confortante, justamente quando não me serviam mais as opiniões sensatas. Digo isso porque, afinal, lá no fundo, a gente sempre sabe quando está fazendo merda. E é nesse ponto que eu discordo de quem diz que somos, essencialmente, bons e puros de espírito. Na verdade, compactuo com a hipótese de que, se não exercermos controle firme sobre nossos pensamentos e atitudes, transformamo-nos em nada mais do que o lodo do lodo. O erro está na nossa alma, e cada descuido é um curativo para as mais-de-mil chagas que se espalham por sua superfície.

Descobrir-se imperfeito, defeituoso e incapaz (e escrever sobre isso) é o que me impede de desmoronar. Essa obra inacabada que todos somos precisa de andaimes, estacas e apoios para se manter de pé. Família, amigos, músicas, drogas... Usamos o que temos ao nosso alcance, embora saibamos que jamais estaremos prontos. Jamais.

Viver é perigoso. O mundo é veloz, cruel e cheio de arestas. Só está a salvo quem está morto.

ASTRONAVE CANTADA

_Aos treze ou catorze anos de idade, escrevi uma música que — para variar — falava sobre uma guria da minha sala que não me levava muito a sério. A idade era pouca, mas já era eu sendo eu mesmo, o lunático-mirim que sonhava ser astronauta e pedia ajuda ao professor carioca de geografia para calcular em quanto tempo eu poderia levar minha nave até o Sol. Foi quando o professor Fábio, esse carioca muito engraçado, revelou, para a minha ingrata surpresa, que não há nada lá.

É apenas uma bola de fogo, queimando até o combustível terminar. Não há nada lá. Também não há nada em Júpiter, nem Saturno, nem nos planetas seguintes. A gente não pode pegar uma nave e pousar lá. São astros gasosos, tão densos quanto o ar. Não há chão, não há atmosfera, não há pista de pouso. Não há nada lá que justifique a viagem (sem volta).

Isso ficou na minha cabeça, de uma maneira que me fez relacionar essa triste novidade com tudo que a vida colocava no meu caminho. A tal canção escrita para a guria que não me levava a sério custou, mas deu resultado. Isso me fez feliz por tempo suficiente para descobrir que se tratava de uma missão sem propósito, um planeta gasoso sobre o qual eu não poderia pousar. Um corpo celeste cuja beleza pode ser observada a distância, em fotos de poderosos satélites que revelam belas e harmoniosas composições de formas e cores, mas que, ao passo que aproximo minha astronave, essa beleza evanesce em uma fina névoa etérea, sem cheiro, sem cor, sem sabor, sem nada.

A música tem me levado veloz pela galáxia, numa velocidade em que se torna perigoso o pouso, podendo esse resultar em feridas profundas e ferragens retorcidas projetando-se em velocidades inimagináveis me atravessando o corpo. O medo do acidente inevitável me fez encontrar conforto no sobrevoo suborbital, na contemplação distante e no contato mínimo com a infinita quantidade de luas, estrelas, buracos negros, intangíveis oceanos de antimatéria e planetas que riscam o misterioso horizonte que passa pelas minhas janelas.

No entanto, dia desses orbitei insistentemente um pequeno ponto perdido no cosmo infinito. O voo progressivamente transformou-se em impensável rasante, de maneira que as leis da física, implacáveis e soberanas em qualquer parte desse Universo, apressaram a inevitável colisão. É quando o plano de voo mostra-se desprovido de significado, o manobrar do manche não traz resultado, e o grito de socorro no rádio não encontra destinatário. Emergência. É quando chegamos ao eterno agora: eu, astronave desconhecida, sem combustível, destino, nem coordenadas para voltar, pedindo permissão para pouso.

DIÁRIO DE BORDO

Localização: Sirius. Via Láctea.
Universo 01. Multiverso.
Data: indefinida.

_Definitivamente, jamais estive aqui. Há alguns meses, meus relógios têm mostrado nada além de zeros piscantes. No entanto, nunca me importei tão pouco com esse estado de tempo-espaço flutuante e indefinido. Parece-me que é uma nova configuração com a qual vou me acostumar, mais cedo ou mais tarde. O horizonte me veste as costas como um manto negro cravejado de cristais e, à minha frente, a aterradora plenitude do nada.

Sinestesia: são planos sensoriais emaranhados. Com esforço nulo, minha mente me faz vagar, e pareço ter sob meu pés uma sequência de notas musicais que me persegue desde a infância. São ondas imateriais, mas agora soam como degraus, teclas de um piano eterno. De maneira ansiosa, buscando o próximo verso, a próxima escala, percebo que só preciso continuar caminhando… para tão longe que já não mais é possível enxergar o lugar de onde parti. Cada nota soada parece reparar uma rachadura da minha alma, e cada vez sinto menos vontade de parar.

As perspectivas mudam quando a gente se embrenha na vastidão de conglomerados de estrelas. Parece que o nosso passado vira um filme a que assistimos há meses, com olhos sonolentos. Ao mesmo tempo, observamos nossa existência de uma distância tão acachapante que até mesmo todos os nossos futuros possíveis mostram-se como uma pintura imóvel, e nossas vidas e sonhos, apenas um sopro, um grão. Tudo que para nós era abstrato aos poucos toma forma conforme recuperamos a clareza que só tínhamos na escuridão do útero, quando o único som que nos tocava os ouvidos era o pulsar de nossas veias.

Quando não houver mais luz, o que você vai pintar na tela da memória?

Qual a música que toca nos seus ouvidos quando o silêncio se faz tão denso que os sons parecem jamais ter existido?

COMO VOCÊ SE ENXERGARIA NUM MUNDO SEM ESPELHOS?

E no que você acredita quando não há mais ninguém te dizendo no que acreditar?

Quem é você?

Esse ponto sem forma e sem tamanho, sem face e sem nome sou eu, mas poderia muito bem ser você. Esse momento em que passado e futuro se beijam é o agora, e estamos longe demais para voltar para casa.

Esse é o som que a alma faz quando se transfigura, quando a matéria escura antes invisível ferve, entra em fusão e se faz presente perante nossos olhos. Sou apenas uma nota na Grande Canção, mas uma nota que pode mudar tudo que vem depois. Cabe a mim habitar o acorde definitivo.

Essa é a Sinfonia de Tudo que Há.

PERGUNTAS para o retrovisor

_E quem sou eu, por detrás desses microfones, despido das guitarras?

Quem é esse que passa a vida oferecendo suas duas faces aos tapas do mundo por meio de nada mais do que surradas palavras?

Que passos são esses que me levam para o teu lado?

Que caminhos são esses que te colocam junto de mim, mesmo sem saber que já partilhamos dessa mesma rota nas inúmeras vezes em que o teu olhar cruzou o meu, ainda cheio de culpa?

É longa a estrada. O tanque está cheio, e sigo, sem freios, no aguardo da próxima parede.

A IMPROBABILIDADE
dos exoplanetas

_Tenho testemunhado através das notícias as agruras de homens e mulheres da ciência que resolveram depositar todas as suas energias vitais numa intensa busca por exoplanetas. Tais planetas passaram a ser detectados por telescópios a partir de meados dos anos 90, explicitando que não apenas o nosso Sol, mas grande parte dos trilhões de estrelas do Universo é orbitada por planetas, e as chances são enormes de que muitos deles sejam parecidos com o nosso.

Um dos maiores empecilhos na busca pela vida fora do nosso planeta é a nossa perspectiva do que, de fato, é a vida. Nossa única referência conceitual é a nossa, como parte integrante do mosaico de organismos vivos do nosso Planeta. A única vida que conhecemos é a que vemos por aqui, e todas as outras formas possíveis habitam apenas o fértil mundo da especulação imaginária. Não sabemos o que estamos procurando, e dentre as coisas que estamos procurando, que podem ser infinitas, inimagináveis, só conhecemos o que nos mostra o espelho. Isso transforma uma possível procura frutífera numa situação de "agulha no palheiro".

Por muito tempo vaguei em busca de formas de vida absolutamente iguais à minha, a famigerada "alma gêmea", esse termo tão surrado... Talvez por um medo de dividir os meus dias com alguém que me traga algo novo e indesejável, alguém imprevisível, que foge do meu ímpeto de controle. Acovardado, apontei meus satélites para regiões conhecidas, buscando o seguro, e dei as costas para as surpresas que o Universo me pudesse apresentar. Jamais serei capaz de saber tudo que deixei de experimentar enquanto era esse o meu modus operandi, pois a todo minuto tudo muda de lugar no horizonte. O espaço-tempo não está sob o controle dos meus caprichos e não espera por uma mudança nas minhas convicções para se expandir em eterna transformação, assim me mostrando todo o seu esplendor de possibilidades. O tempo não para.

Com resultados aquém do esperado, minhas pesquisas foram progressivamente perdendo motivação, até que, com as lentes mofadas por falta de manutenção, meus telescópios pararam de funcionar. Voltei, resignado, para a morosidade do meu próprio sistema solar, o velho conhecido que habito desde sempre, e com o qual já estava acostumado, para não dizer enjoado. Um planeta fadado a sua própria putrefação natural e inevitável. O olhar distante para as estrelas, o encontro de um novo lar em outro planeta, com o tempo, ganhou status não de opção, mas de condição essencial para minha sobrevivência. E o tempo, este que não para jamais, pilota cometas em todas as direções, poderia muito bem, através de uma de suas incontáveis coincidências, colocar um enorme pedaço de rocha no caminho da minha órbita.

Tomado por um súbito arrependimento em relação a todo tempo que deixei de olhar para o céu noturno em busca de uma nova casa para a minha alma, voltei ao firmamento. Limpei minhas lentes e apontei-as para os mais escuros cantos do Universo, a fim de encontrar na profunda escuridão pelos mais tênues sinais de luz em regiões inconcebivelmente distantes e que não alcançaria antes de voltar a ser pó. Lá estavam eles, os exoplanetas, com todas as suas formas, composições e tamanhos, em uma esplendorosa torrente de mistérios insolúveis. Estavam todos lá, e muitos outros em outros lugares para os quais ainda nem tinha apontado o olhar. Todos, todos, sem exceção, inalcançáveis ao meu toque, indisponíveis para o meu pouso, e invisíveis a olho nu.

Mal sabia eu que você era cometa. Descobri sua origem da pior (ou seria melhor?) forma: o choque. Começou com um incêndio que matou tudo de bom e ruim que dentro de mim havia, para que eu pudesse reconstruir tudo do zero a partir da mistura dos nossos dois corpos celestes. O que se seguiu foi a escuridão, com a impossibilidade de os raios solares ultrapassarem a espessa camada de cinzas que pairava sobre toda a minha superfície. Isso trouxe o frio, transformou minha pele em território inabitado, inerte, sem cor e sem vida por milhões de anos. Mas o vento dissipou as cinzas, trazendo de volta a luz que derreteu o gelo, revelando que, por baixo daquilo tudo, eu já não mais era eu mesmo. Eu era essa coisa nova, produto do choque inevitável com você, uma amálgama de tudo que nós somos, reorganizados de maneira aleatória, ora irreconhecível, mas nem por isso menos eu e menos você.

Somos algo novo, e mal começamos nosso longo e profundo processo de autoconhecimento.

EMARANHADOS DE FORMA QUE JÁ NÃO MAIS SE SABE ONDE EU COMEÇO E VOCÊ TERMINA.

Seguiremos em alta velocidade, deslizando pelo quase-vácuo do espaço por toda a eternidade.

A menos que o tempo, esse desastrado piloto de cometas, coloque mais um asteroide em nossa rota.

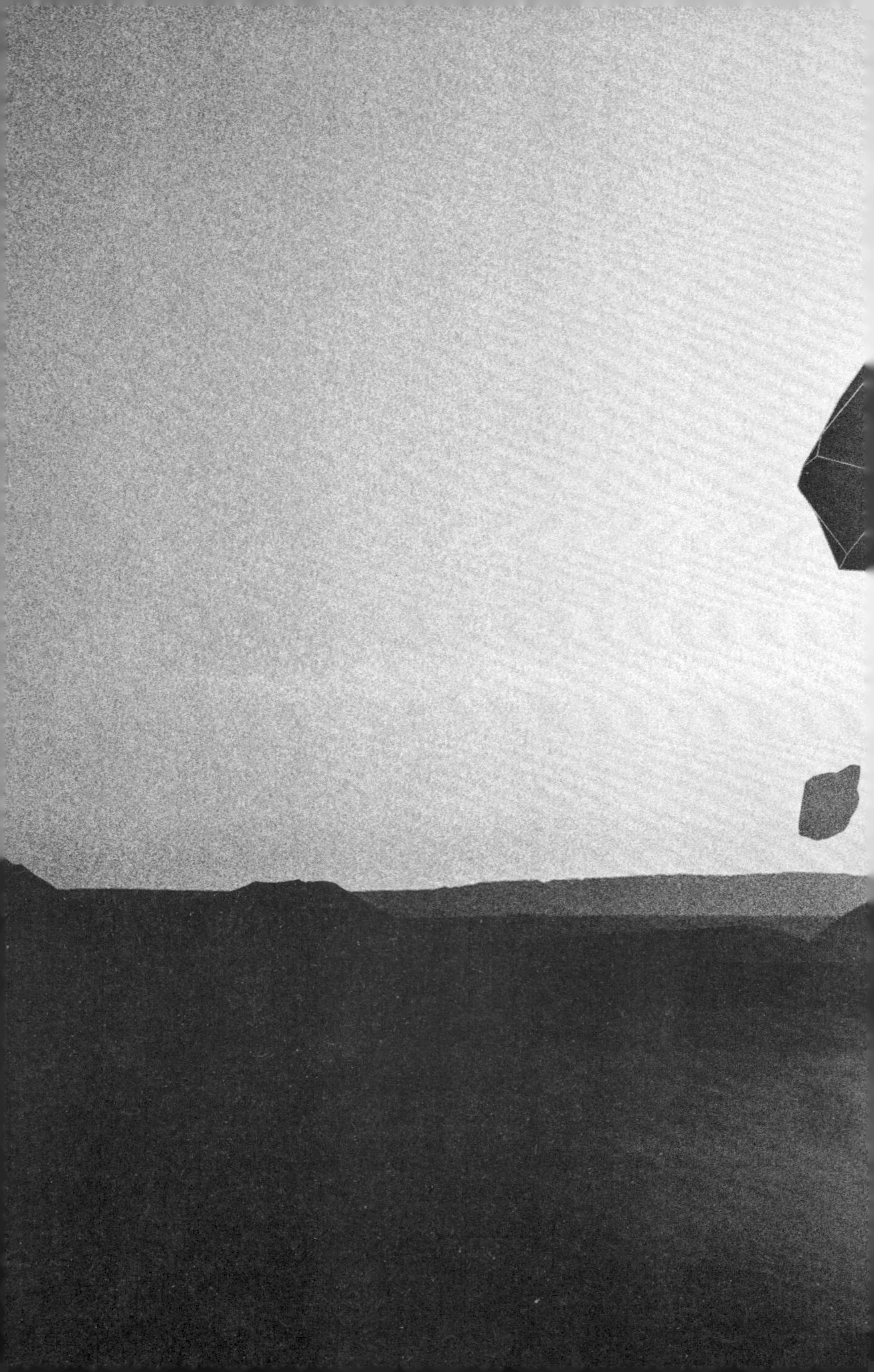

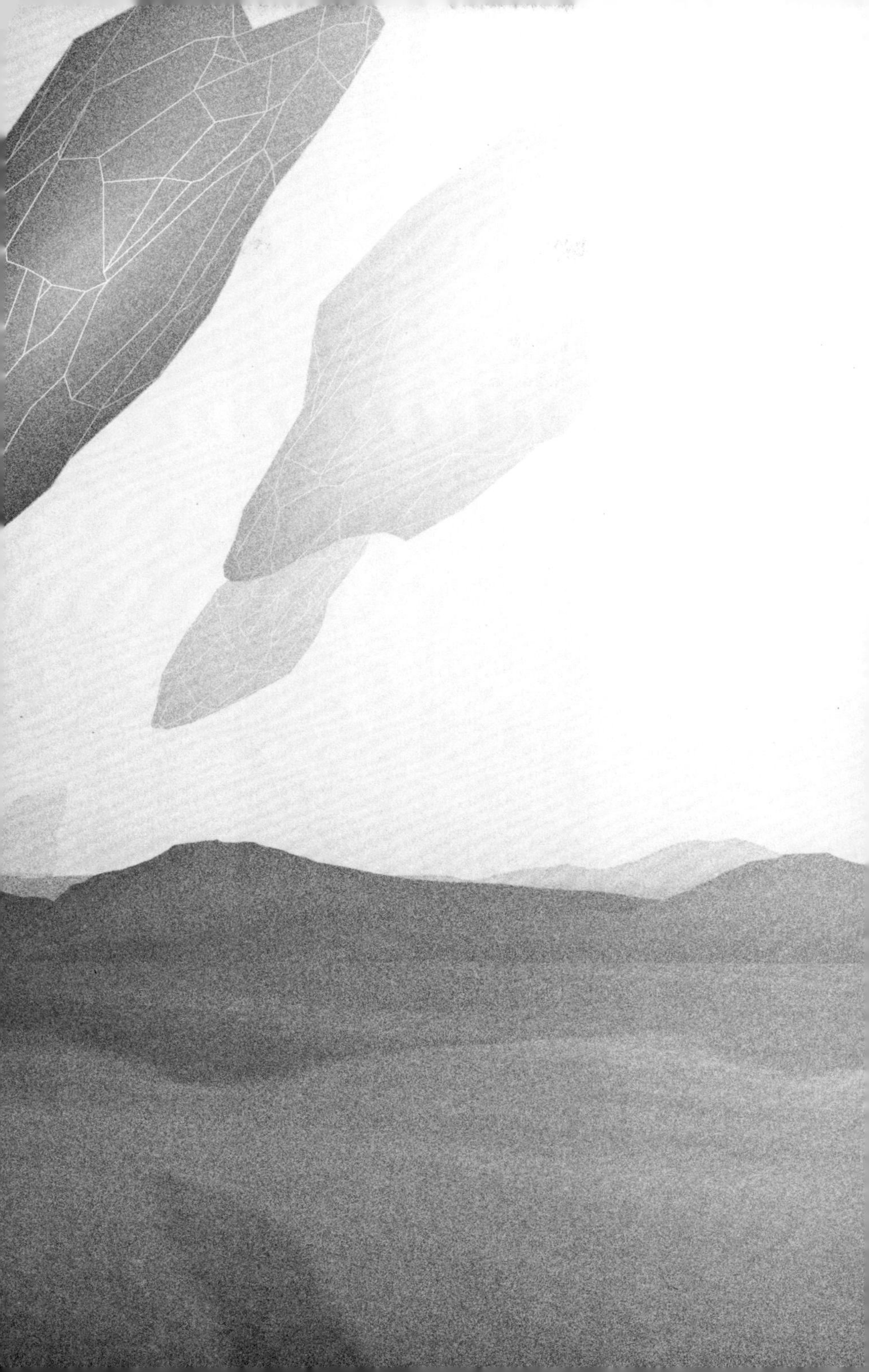

Para consultar nosso catálogo completo e obter mais informações sobre os títulos, acesse www.dublinense.com.br.

dublinense

Este livro foi composto em fontes Bedel e Lekton e impresso na gráfica Pallotti, em papel lux cream 90g, em agosto de 2016.